南陽街30年

劉廣衡／著

目錄

序言

人生到處知何似，應似飛鴻踏雪泥。
泥上偶然留指爪，鴻飛那復計東西。
老僧已死成新塔，壞壁無由見舊題。
往日崎嶇還記否，路長人困蹇驢嘶。

蘇軾

「升大學重考班」是補習班當中，學生在班時間最長、最密集、學費最高、也是耗費最大的補習班。其他各類補習班都沒有這樣的特性，他們多半是只有夜間、或假日、或每周一次兩次。

重考班學生留班時間最長可達十個月，時間則從每天早晨七點半到晚上九點半，每週至少五天。一個班需要至少十個任課老師，另外專屬這個班的日間導師、夜間導師、輔導老師，每天至少三人次。每一個社會組學生一年所需的講義及考卷多達五千頁，自然組則多達七千頁。

要支援五個班的工作人員需要二十個熟練的人手，其中包含清潔、教務、訓導、企劃、會計、招生等等。再加上設備、水電、廣告、與房租的開銷，說是耗費最大並不爲過。如果能夠開更多的班，就需要更多教室與人手。這是個勞力密集的行業。

重考班的黃金時代在民國五十年到七十五年之間，隨後開始逐年減少，到了開始廣設大學以及生育率降低的民國八十五年以後，這個行業就進入沒落期。到了民國一百年，台北市的重考生人口已經從最高點的將近六萬人減少到四千人，目前僅約兩千餘人。重考班的家數從四十餘家降爲目前的三家。

能夠躬逢其盛，有甜美也有苦痛，能安全下莊，幸甚幸甚！

重考班的成敗因素有三個：師資、學生與管理，這三者互爲因果。

師資優秀，受到歡迎，學生才會報名。所以補習班沒有人情老師，也沒有只能在前兩節課講得口沫橫飛、天花亂墜，然後就黔驢技窮、江郎才盡的老師。

學生的來源也是重要因素，如果沒有程度優秀的學生進班，就無法建立歷久不衰的口碑，這是一個良性循環。如果招進來的都是程度不佳的學生，必然進入一個惡性循環。

若是僅具備師資與學生兩者，並不能成就大業，整個班務的運作與管理也是不可缺少的一環。這一路走來，看到有不少具備前面兩者的優良業者都逐漸淘汰，其原因就在缺乏管理系統。

我的補習班生涯紀錄了「重考班」時代的興起與沒落，我已經退休九年，必須趕緊抓住記憶的尾巴，留下雪泥鴻爪。

一個重考班所面臨的問題非常複雜，我在這本書裡分類成學生、老師、招生、訓導、講義等等，每個類別都有不同的經驗。

這本書記載了我在重考班前後長達三十八年的教書與管理的經驗。補習班的類型很多，希望其他類型的同業們也來爲補習教育留下一些值得參考的回憶。

第一章
南陽街30年　緣起不滅

我接下這個班主任的位子純屬意外。

當年的生涯規劃很單純，只要求能夠在台北上幾天課，再到外縣市也接一些課程，趁年輕多賺些錢，同時在台北市這家名聲不錯的補習班當個股東，每年分一些紅利，老來有些積蓄，能夠安渡晚年，於願足矣。

我當時的上課方式就是在自己的補習班上兩天課，周二晚上坐飛機南下高雄，再依序到台南、嘉義、台中連續上四天的課，週六晚上回家。如此周而復始，除了暑假和過年能休息，其他就是上課。由於時間有限，雖然還有一些補習班陸續來邀約，也只好作罷。

一九七〇年代大學聯考錄取率只有百分之十上下，加上戰後嬰兒潮，大學稀少，估計每年落榜的人數在十萬人左右。這些人幾乎都會選擇到補習班重考一年，因此造就了當年「重考班」（也被戲稱爲高四班）的盛況。不但中南部的學生大舉北上補習，各大都會區也都形成了補習班雲集的特色：例如台北市的南陽街，高雄七賢路一帶，台南火車站前面，台中有一棟大樓就曾經同時有六家補習班進駐的奇景。而「台北名師親自授課」也成爲南部補習班的廣告焦點，各家競爭之下，鐘點費年年高漲。

拜交通便利之賜，台北火車站前的南陽街與館前路就成爲衆家補習班必爭之地。一來容易接納中南部和東部上來的學生，二來北區的學生往來交通也方便許多。三十幾年前，在台北市重考的學生約有五到六萬人，大大小小的補習班有四十多家，大型補習班可達六、七千人之衆。教室分布在前站與後站的許多大樓之中，整個中正區的外地住宿學生也造就了許多專門出租給學生的宿舍。當然，愈接近南陽街的宿舍價錢愈高。這些學生宿舍都小如鴿子籠，上下鋪，七八人一間，沒有空調，公共浴室，夏天一到，簡直燠熱難當。

剛來台北讀大學的時候，我也曾經到館前路探望因爲仰慕北部補習班師資而來的南部同學。他們當時選擇的是一家重考班的始祖，那家補習班規模極大，後來還自建了一棟傲視台北同業的補習班專用大樓，教室非常方正，最大的教室可容納三百人。

那時候的這家補習班還自備宿舍，就在館前路路頭，回字型建築。每間宿舍四張上下舖，左右各二，中間是走道，放置約板凳寬的長凳兩張，八個人分別坐在下舖唸書，燈光昏暗，即使在冬天也揮汗如雨，裡面的人要上廁所，全體都得起立讓路。

浴室就是與軍中相同的大水槽，大家脫光光用水瓢從頭上往下淋。一日三餐都在路邊的小吃攤解決，當年大家的生活條件還都很差，即使在這樣惡劣的條件下苦讀一年，仍然苦中作樂，也沒聽說誰的精神異常。還有人因爲同甘共苦一年，建立了穩固的友誼，日後成爲終生的好友。記得有一扇門上還貼了打油詩：「汗水與淚水共舞，清湯與辣椒活命」。

這家補習班培養出不少名師，這些名師又互相結合紛紛自立門戶，於是開枝散葉，山頭林立，甚至繁衍綿綿。這些後來的競爭者都抱著同一個夢想，就是希望有朝一日能成就與這家開山始祖相同的霸業。但是時不我予，在惡性競爭的循環下，沒有任何人堪與匹敵，甚至有不少人虧損累累，一敗塗地，身敗名裂，下場十分悽慘。

在民國七十七年之前，補習班是「特許行業」，新牌照是不准設立的，舊牌照的持有者簡直是「奇貨可居」。每年出租牌照的收入就十分可觀，大約可以在士林地區買一棟房子。我們租用現在這個牌照的老闆坐擁牌照出租之利，但是有事沒事還放話說他年事已高，想把牌照給註銷算了，以免發生甚麼他要負責任的事。此話一出，股東們就嚇得雙腿發軟，馬上提著大把現金去他家裡孝敬孝敬。

後來牌照雖然開放，我們的名氣已經建立，最後還是給他一筆大錢，直接沿用這正當招生業務蒸蒸日上，班數年年增加之際，我們敬愛的班主任卻突然人間蒸發。他的課程還能找其他老師代課，班務卻不可一日無人。而連班主任的家人都不知其去向，所有的職員和股東猶如熱鍋上的螞蟻。於是股東們分別把職務擔下來，教務、訓導、財務、招生都各司其職，看起來還有個樣。但是不到兩個月就快累垮了。股東們本來都是課程滿檔，日夜忙於授課，哪有時間做這些千頭萬緒的雜務？

面臨這種情形，只好經常開股東會來討論大事，結果股東會就成了推卸責任大會：有人不願兼差；有人說補習班氣數已盡，吵著要退股；有人說還是趁現在聲勢旺，早些賣掉還能多分些錢；有人生氣摔茶杯；有人掀桌子。真是應了商場上常說的那句：「不賺錢吵架，賺錢也吵架」。

好不容易捱過了招生旺季，學生並未減少，但是股東會上仍舊氣氛糟糕。竟然已經有股東私下聯絡一些補習界的老師們準備來接手，甚至連接手的班主任都說好了由某某老師擔任。這個時候我才驚覺大事不妙，這個事業體已經十分龐大，說是「怪物」也不爲過，來上課的各科老師們就達到一百多人。學生更是衆多，員工也有百人以上，絕不是隨隨便便一個人就能整碗端走。這個行業絕對是一朝天子一朝臣，更何況老師們會拉幫結派，員工們也是山頭林立。每位股東都各自有幾個職員當眼線，以便隨時通報各種消息。一家巨大的補習班不是誰來都可以輕易承擔的。

南陽街上曾經有一家補習班說好了要賣給一批老師，談了很久，終於成交。交接當天，新老闆們踏入辦公室一看，竟然空無一人，再回頭，發現這家補習班的原班人馬到對面另起爐灶去了，班內只留下少數學生。他們花了重金卻只買到一個空殼子。因爲員工都是自由的，他想在哪裡工作誰也攔不住，老闆之間的契約根本無法限制員工的動向。

這時候我的補習班開始謠言四起，一下子傳言這個要來承接，一下子又有外人放話說已經開了支票給某某老師，員工也到處打探消息，還有人言之鑿鑿地說他看過那張支票的金額。

走進來一位和尚

正在風雨飄搖之際，某天中午時分，我坐在櫃台看帳。有一位出家人滿面笑容、精神奕奕地踏進班裡，我抬頭一看，這不是班主任嗎？怎麼穿著袈裟、僧鞋、頭上精光，還背個僧袋。我驚訝不止，連忙起身陪他到後面的空桌子坐下，當時除了櫃台有人，所有的人都出去吃飯或買飯。他笑一笑對我說：「招生還好吧？聽說你們想把補習班賣了？」此話一出，我轉念就想：原來早就有人知道他的去向，還彼此通過消息，是誰竟然能夠這樣長久都隱忍不說？把大家蒙在鼓裡，其目的爲何？眞是高人！傳話的人有對班主任實話實說嗎？難道這是故意要惹出事端，以便從中獲利？班主任爲何剃度出家呢？既然出了家，應該不會管這些俗事了吧？我心中一時萬念雜陳。

他大概看出我的驚慌，隨口說了句：「我在萬里的山上，有空來喝茶。你跟大家說開個股東會，我有事報告。」隨卽又說：「我會再打電話來，請大家務必都到。你不要驚慌，天下無不散的筵席，就算是一家子人也會生老病死，也不會永遠齊心協力。你找一天上山來，學佛可以開智慧。」

我心裡有太多個問號，學佛可以開智慧，一定要出家才能開智慧嗎？

「愛、恨、情、仇」都是苦，一定要出家才能「離苦」嗎？每一個出家人都是「遁入空門」的嗎？「遁」不是「逃避」嗎？不能欣然接受、坦然面對人生的一切嗎？能逃得掉人世間的糾纏嗎？每一個行業都是一個「社會」，出家會不會只是從這個「社會」進入另一個「社會」，照樣脫離不了「愛、恨、情、仇」？「地、水、火、風」都是空，出家與在家到頭來不一樣是空嗎？人生既然「如夢幻泡影，如露亦如電」，無論選擇哪一種人生不都是「泡影」嗎？

這一次的股東會可說是從暗潮洶湧進化到正式分裂，再也沒有剛剛創班時那種晚上下班後不分員工還是股東，大家一起挽起袖子摺疊傳單，搶著幹活，說說笑笑，挑燈夜戰，共同爲前途打拚、充滿希望的快樂氣氛。

終於召開了有班主任主持的股東會了，班主任當然是宣布要退出股東會，至於補習班的未來，他沒有任何意見。重組股東會呢？還是整個賣掉呢？或者是由現任股東全盤承接呢？群龍不能無首，還是要有人出面整合才能談下一步，否則只是摔茶杯踢椅子，是毫無幫助的。當然，要談出一個大家都同意的價格，才會有更進一步的結果，因爲這中間一定有人待價而沽，價格好有價格好的想法，價格不好也有價格不好的想法。

有五位股東表示要是能賣個好價錢，他們要準備移民澳洲，農曆年的時候就要去布里斯班看看，已經和當地的華僑聯絡好了。其他願意繼續留在台灣的股東們也有意願轉讓股份，只是當初的股東合約上有一條規定是必須全體股東同意才能轉讓，不得私下買賣。所以，以一個人的能力要一次付出其他十三個人的股金勢必困難重重。而由一半的股東承擔另一半的退股是唯一可行之處，可是，價格好，大家都想退，價格不好又會產生其他變數。例如可否開放股東去其他補習班兼課，因爲合約上也有規定股東不得在台北市的其他補習班上課。

對於一家前景相當好的補習班來說，這實在是一大斲傷。每年暑期招生的盛況到今天還是津津樂道的往事，除了最先推出的班級班班滿班之外，還可以陸陸續續開班到寒假結束。甚至寒假後還有零零星星的學生前來插班。

往事如煙

往年暑假的早晨八點開門之前就已經擠滿了排隊的人潮，班裡的招生人員與導師們更一大早就拿著報名表在街上招攬學生，他們都先把報名表的備註欄簽好自己的名字，學生報名後就算是他的業績。雖然不是他花功夫招到的學生，照樣也可領到不錯的獎金。這一點倒是沒有股東計較，因爲無論是誰招來的，都是班裡的成效，齊心協力，不在乎這些獎金的發放。

剛放榜的那一個星期，人潮不斷，櫃檯小妹忙得吃飯都沒時間。有的人擠不進來，乾脆把報名表裡面包著錢，再纏上橡皮筋，丟進櫃檯，人就走了。我們還得有專人收集這些「不速之客」，幫他們在座位板上畫座位，再通知他們，並確認住址無誤。

那些年大補習班固然招生順利，小補習班也有不錯的成績，因爲就有一些學生不喜歡擁擠，他們相信考不好是自己不用功造成的，跟在哪裡補習的關係不大。但是有些學生事先不做功課，隨便走進一家補習班就報名了，等到開課那天發現教室裡稀稀落落，才開始懷疑自己是否選錯了補習班。畢竟大家都報名的補習班似乎比較可靠。

南陽街與信陽街的這個區塊，每到中午吃飯時間和放學時間，騎樓與街道的人潮多到你看不到路面，真的是萬頭鑽動，如果你不幸在這段時間開車經過這裡，沒有半個小時是開不出去的。這種情形維持了有二十年之久，期間也有補習班起起落落，這些消失的補習班多半是財務管理不善或組織不夠健全造成的，否則在當年只要開門就有學生掉進來的情形下，只要善於管理財務就能維持開銷，存活個十年八年應該不是問題。

候我也極少發表意見，他們也不會問我的意見，我就像個隱形人。其實也難怪他們有見好就收的想法，趁勢頭正旺，多拿些股金回家養老也是正確的想法。

二月底的某個周六晚上，我剛下火車回到家，電話就響了。是一位股東打來的，他在那頭劈頭就說：你來某某咖啡廳好不好？我們三個在這裡等你。我也沒問另外兩位是誰，我心裡有數，應該就是壓根兒沒想過要離開這個補習班的股東們。他們教書都是一流的，很受學生歡迎，也很有敬業精神。這些股東老師都很會教書，每個人都是當時響噹噹的名師。

我剛坐下，還沒點東西，就聽到：「我們覺得你最適合出來接下班主任這個位置。」這句話眞是白到不能再白了，完全不探詢我個人的意見，這就是我當小弟當久了所造成的結果，可是這件事我不能再繼續當小弟。

我也直來直往：「開玩笑，我哪裡能拿出這麼多錢來？各位太抬舉我了，這絕對是個天文數字。我沒有能力。」

「不用。目前外面有意願接手的老師，所開出的條件都是先開出支票，等後面收了學費再分期付款。」

我說：「那意思是先把補習班讓渡出去，等對方收了學費再付錢給我們？那不是風險太大？有可能根本一毛錢也拿不到，這種鬼話能信嗎？」

「這就是爲什麼找你出來的原因，這也不是我們三個人的意見，是大家共同的想法，補習界把戲太多，不敢貿然相信別人。大家都認爲你明年把外縣市的課都切掉，專心幹班主任。」

我說：「不是這個問題，問題在錢。還不知道有多少人要退股，每股要多少價錢才滿意？坦白說，要是價錢很高，我也願意退出，只當個老師，純粹跑跑江湖也不賴。」

我想他們前面說的這些話就表示了我這個老小不是幹假的，還眞是個老小。原來他們早就在背後商量好了，現在只是派三個代表來通知我該要幹甚麼。恐怕他們也連後面的棋局都盤算好了，我不過是個木偶。

老臣不好惹

如果要我當家，我就得拿出些主見，不能再像以前凡事好說話。畢竟主持這個班務必然困難重重，將來的問題不會只有財務，員工與老師也不是好惹的，到時候焦頭爛額的是我自己，股東只會等著分紅，沒有人會跟我分擔麻煩。尤其員工們拉幫結派，相互成爲利益團體，這事我可淸楚得很，「老臣」本來就是任何公司接班人最頭大的問題，敝班的「老臣」不好惹呀。

事實證明我的預測一點都不錯，才傳出一點風聲說我有可能接下重擔，教務主任就不進辦公室了，卻不定時會在哪間教室出現。我三番兩次向他「請益」，他都說身體不好，想要休息。他隔三差五的會到印刷室坐坐，我得到消息，去請他進辦公室，得到的回答卻是：「印刷室很重要，我以後就在印刷室坐鎭就好，老師你會把補習班弄得很好。放心啦，員工都很能幹。」

導師們見到我，表面上很有禮貌，但是好像永遠隔著一層紗，就是覺得冷冷地，也說不出哪裡不對勁兒。招生組有一位「老將」只聽教務主任的，我交代的事情，她會當著我的面說要去問問教務主任再說。櫃台組長也是他的人馬，根本不理睬我，凡事都會向他報告，把我當空氣。後來我發現眞正的「影舞者」是一位股東，這位股東還是願意留下來繼續承接的人之一。

原來還是有人想「鬥爭」我，讓這位股東當一個眞正的操盤手，我仍是「小弟」，表面上是我當家，事實上他才是大權在握的人。這些人馬都是他布的局。

後來正式接任班主任不到一個月，不知何方神聖就去對一位股東說我把老師和職員都換成自己人了。這位股東還跑來責問我爲何這麼作。我把老師的課表和員工名冊都給他看，他才說是誤信了員工的話，連這種事情都會發生眞是無中生有。

那天晚上我就想姑且聽聽他們的盤算再作決定也是個好辦法。

「現在大家的想法是，未來一年所有的人都不退出。目前預估學生人數相差應該不大。九月收了學費以後，想走的人拿了錢就簽退股書，課還是繼續上，但是不管班務了。鐘點費還是依照股東的優遇繼續拿到下學期結束。然後股東會只留下願意留的人。」

我估算眼前這三位應該是會繼續留下來，其他股東還有沒有意願留下來就不知道了。如果是我來接的話，當然是以一年的時間陸續退股最有利，財務上比較不會捉襟見肘。任何公司最大的危險就是寅吃卯糧，補習班連卯糧都沒得吃，有長遠打算的主事者，還會有留下一些公積金，否則大家都把利潤當年就分光了，將來的事等將來再說，不行了，就樹倒猢猻散，沒有人打算幹一輩子。只剩下班主任去扛所有的財務問題。

「那你們商量好了價錢嗎?還有就是公積金可以動用嗎?萬一同時有十個人退出,錢絕對不夠支付,我就不能接了。最後一點是你們爲什麼不接,而是找我?」我乾脆直搗問題核心。

接著他們就開始給我灌迷湯,甚麼年輕啦,能幹啦,冷靜啦、有組織能力啦,而且說老班主任也是推薦我啦!

這些話都只能當耳邊風,可別當眞,出了事,他們一毛錢也不會拿出來,都是我一個人的事。補習班是個空殼子,所有的房子都不是我們的,想抵押貸款都沒門兒。我得細細思量,不要覺得當班主任很威風,我看過太多班主任被老師修理。

其實是因爲我教書教得不夠好,我這種人沒有希望成爲天王級的名師,當個行政工作最優。紅利當中會優先給我百分之十,其餘再大家均分。因爲我要犧牲掉到外縣市上課的收入,專心當班主任。這一切的前提都必須是我要讓補習班賺錢,否則他們可以到處有收入,我卻只能苦守寒窯,怨不得別人。

然後他們開始細數人頭,分析給我聽,誰確定要走?誰不會走?誰還騎在牆頭上看?這些看法證實了我平時所研判的還算正確。

至於所開的價錢並不離譜，可以證明想離開的人是眞的想脫離這個圈子，並無意藉機拿翹抬高價錢。這也算是公道，因爲有一位要移民的股東曾對我說，既然當年拿出來的股金在第二年就回本了，這些年分到的紅利可算是多賺的，股東的鐘點費頗高，他們並沒有打算給接手的人穿小鞋，畢竟這就像是自己的孩子，將來回台灣也可以有個地方坐坐。

我說那我需要正式開一次會，決定今天這個方向。同時決定退股人數。我會去山上親自請班主任下來開會，順便向他請教很多問題，我需要時間來把招生人數、學費收入、開班數量、師資鐘點、員工薪資、講義印刷、水電開銷、招生支出等全部調出來分析了解。

其實這些只都是一些數字而已，眞正的關鍵還是在人事問題。補習班要推行一個政策最困難的問題在於如何說服自己人，如果自己人都不相信你的方法可行，那你的政策就廢了。那時我這個第二代接班人就會一籌莫展，而這是十分可能發生的事。

班裡自認立下汗馬功勞應該享受特殊優遇的「老臣們」已經不可一世，平日我從言談裡早就認知這一點，因爲他們常給我細數當年功績，講得活靈活現，深怕股東們忘了他的貢獻。一副如果沒有他補習班就沒有今天的得意神態。可是，他們擁兵自重，排除異己、誇大成果、欺上瞞下的事實，我也是看在眼裡，只是微笑不語而已。

這個補習班分工很細，以負責全台招生的招生組而言，除了北北基桃的龐大招生人員之外，還管轄有雲林嘉義組、南投苗栗組、東部組等這些專人常設組。因爲這些地區缺乏重考班，當地的學生無論去台南、台中補習都需要住宿當地，既然同樣必須住宿，來台北還有更好的師資與管理，所以也是一大招生來源，到了暑假還需要在當地租用臨時店面，高掛招生報名處的布招，不定時包租遊覽車上來看教室報名。

招生旺季到了，誰能有空閒去監督房舍、工讀生、出差費、桌椅等等雜事呢？開銷是不是就這樣流失了呢？這些形同地方諸侯的同仁時不時又額外要求批准他們前往當地學校出差的食宿需求。

新接任的班主任能夠叫得動訓導及教務體系嗎？他們可是自認爲專業知識比你懂得多啦！你看看那些剛出道的小老師有多巴結他們就知道了，因爲他們一句美言就能換得好幾堂課哪！

我接下這個擔子後，還要面對老師們的「明挑」與「暗鬥」，約聘老師不難，約聘名師會遇到各種意想不到的問題。如果我延聘一位化學名師，他可能會明講還要帶一位英文老師進來。如果我延聘一位國文名師，他可能會暗示爲什麼我還要留下另一位國文老師。甚至如果我延聘一位數學老師，他也可能說他的小舅子目前正在待業，補習班人員衆多，多安插一個人吧！如果我看上一名新秀老師，他會表達誓死效忠，鞠躬盡瘁，但我還是得如如不動，聽聽就好。等著瞧，只要他小有名氣，他就會立卽趾高氣揚：「明年的鐘點費要先談一談。」

明知山有虎　硬上景陽崗

我這樣接手就是明知山有虎偏向虎山行，但我還是激起某些雄心，一來這也是我的事業，二來不能讓他就此消失。這個雄心在我心裡日益壯大，日趨勇健。

班主任出家的地方在萬里山上一處有淙淙泉水相當隱蔽的寺廟，寺裡還有一位得道高僧。我去的時候，班住任正巧在知客室，看到我就滿面笑容，帶著我巡遊一圈，他在一處臨泉小橋上跟我說只要大家訂好時間，就一定會到。至於我想知道的班務瑣事，他則說不管世間俗務了，他都忘了，我自己看著辦吧。不過他隨卽又說，廟裡下個月辦「禪七」，你來坐個七天吧，有幫助的。

我去打過兩次禪七，坐得腰痠腿痛。後來又得到老和尚特許，去埔里參加過一次僧衆禪七，可惜資質愚鈍，沒能參禪悟道。

最後是五位股東留下，九位退股。有兩位退股但不退課，鐘點費則與一般老師相同，但是老師們的鐘點費本來就依據知名度而有不同，我還是給了最優的禮遇。

從此之後，我得到的評價將不再是教書的好壞，而是辦班的成敗。有人等著看笑話，也有人磨刀霍霍向我來。我將開始指揮自己的軍隊去面對敵人無情的攻勢，我的敵人是全台灣的補習班，不會有「友班」，雖然還是要在禮貌稱他們爲「友班」，但事實上絕對不是。因爲這塊餅將會愈來愈小，我多吃一口，他們就會少吃一口，他們多吃一口，也表示我將少吃一口。一場殘酷的生存競爭就擺在我面前，我將迎戰。

接下班主任的第一件事，我覺得三年之內必須全部換血，但是我必須小心從事，不能太激烈，要有計畫的一步一步進行，否則我會死在這個位子上。

補習班是個勞力密集的產業，「人」是資源，也是包袱。就看我要怎麼做了！

第二章
南陽街30年　學生與我

來補習的重考生大致上有兩類，一類是落榜生，另一類是已經有大學可以念，但是校系不理想的學生。也有重考一年只爲了一個志願的學生。

在民國七十年之前，鮮少職校生參加大學聯考，因爲大學少，都是高中生才有考大學的意願。在大學聯考錄取率超過百分之五十以後，落榜生來重考的人數就大幅減少，因爲大多數的學生並不願意來過這樣沒日沒夜的生活。他們認爲有學校讀就行，將來的事，將來再想，先享受新鮮人的生活比較重要。這就好像在平日晚上或假日出來補家教班的學生一樣，愈是我們認爲需要補習的學生愈不會參加補習，讀書不是他們的興趣。出來補家教班的學生百分之七十以上都是前幾志願的學生，這些學生是眞正想要更上一層樓的人。

然而校系不理想的學生想要重考的意願比較高，這些學生積極向上的動力十分充足，雖然重考的日子很辛苦，卻是甘之如飴。

大學裡也有許多冷門科系，尤其是高中生會嚮往名校的威名，即使不能進入理想

科系，先在志願上選塡入學，放榜後再辦休學。至少來年不管能否考得更好，總是有個令人羨慕的學校，穩穩當當在那裡等我回去念，這種想法的學生很少會在第二年考得比原來錄取的校系更差。

我的補習班以醫科起家，以醫科爲第一志願而來補習的學生足足可以裝滿五個班，有的學生唯一的目標就是台大醫學系。我前前後後遇到過六個已經錄取陽明醫科的學生前來重考一年，其中有一個當年的錄取分數只比台大醫科少兩分。他們的目標當然只有一個，就是台大醫科，後來這六位都成功地達成目標。他們承受的壓力非比尋常，勇氣十足，但是從他們身上也可以看到小小年紀竟然會有此強大的動力，非常令人敬佩。這種沒有第二志願的學生不多，但是堅強的意志很可怕。

招收到這種學生對我來說也是只准成功不許失敗，萬一考砸一個，我就會受到其他同業的無情攻擊，這還是小事，對不起家長才是無顏見江東父老。幸好，全部過關。

台大醫科與陽明醫科只有一線之隔，學生的程度可說相差無幾，我常覺得如果讓這兩個醫科的學生重新再考一次，洗牌率可能會達到四成的人數。

我多少年來都把這些學生的成績單做成紀錄，發現最大的差異都在國文與英文的作文，這兩篇文章的評分可以決定這個學生最後的去向。尤其是文章的好壞，本來就見仁見智，可是分數打下去就決定了他要唸哪所學校，雖然最後都是醫生，一樣是濟世救人。

也曾遇到過兩個好不容易考上台大醫科的學生，卻在大三唸完之後被二分之一當掉了。他們很勇敢地回來找我，決心再來一次，結果竟然又考取台大醫科，真是神奇，一個人這一輩子能兩次考上最難考取的台大醫學系，的確少之又少，值得記上一筆。現在兩位都是名醫了。

另外有個社會組的學生也是怪咖，在我這裡重考第一次考上了台大法律司法組，這不是他心目中的法學組，所以辦了休學之後又回來重考，竟然又考回司法組。這次面臨兵役問題，不得不去台大讀了半年，又休學回來重考，終於如願以償，考進了法學組。

我五十五歲那年，有一位與我同年齡的先生來找我，他說他兒子明年建中畢業，應該能考取台大醫科。他覺得如果他準備一下，可能也有機會考取，考台大醫科應該不是那麼難。但是他還有工作，沒辦法來補習，可不可以買講義回去自己讀，我雖然表示敬佩他有這樣的決心，但是心中不免存疑，這是何等艱難的事，哪有這麼容易？聯考之後他告訴我，從分數來看，其他學校的醫學系會有機會，台大應該是沒份兒了。

他說我給他的講義還沒有讀熟，明年會再來一次，謝謝我的慷慨贈與。結果第二年竟然眞的當了他兒子的台大醫科學弟。由於他並沒有眞正來上過課，我也沒有把他列入當年的榜單，就當作一件佳話吧！

因爲榜單不能有瑕疵，否則信用破產。

他的豪語：「考台大醫科應該不是那麼難」，我敬佩不已。

回頭再說說想要考醫科的學生，台大醫科每年錄取一百一十人，其中包含公費生（也就是在學期間受公費補助，各學校加起來約二十八人，畢業後六年由政府指定服務地點），想要在衆多考生中名列前茅才有機會。所以大多數學生以各校醫學系爲目標。要想達成這個目標，也不是很容易。

以當年丙組的標準來看，進醫科（國、英、數、物理、化學、生物）的最後一個志願的分數大約是在四百七十分以上，也就是每科都達到八十分才比較穩當。

補習班最歡迎的進班分數是四百三十分以上，第一年達到這個分數的學生最有機會進入醫學系。偶而也會出現一些黑馬學生，進來補習班的時候只有四百分，一年後竟然考上台大醫科。這種學生不多，而且多半是明星高中的畢業生，可能是在學校太混或考運不佳吧！

只要是達到這種標準的學生，如果有表達出重考意願，都是各家同業爭奪的對象，因爲這種學生愈多，來年的醫科榜單就會愈漂亮。

補習班是如何知道學生的重考意願呢？

一種是有來補習班探詢過重考班的補習內容，一種是有向同學表達想要重考的意願，另一種是考運不佳的大黑馬。

至於這三種學生的發掘過程，以下是有趣的經驗：

我的補習班爲了招收到高分的學生，在暑假之前就組織好了「醫科特別組」，是由台大醫科學長在暑假來打工，首先我要從長期在班裡負責夜間輔導的學生中選擇一位有領導能力的學長來擔任組長，由他負責組成「醫特組」。成員約二十人左右，他們有專用辦公室、輔導桌椅、沙發區，以便學生和家長了解我們對醫科學生的輔導與課程。

由於選填志願方式的改變，我們在訂定學生入學優待的基本分數時，也有所改變。早期是學生在報名考試前就填好志願表，當時還是人工作業，志願表也是一個字一個字填在密密麻麻的志願表上。聯招會是由各校輪流主持，放榜時是學生到畢業學校領取成績單，拿到的只有自己的成績單，不知錄取何校何系。再由聯招會從最高分逐個分發。最後的完整榜單是貼在台大校區外面的牆上，收音機也會一個名字一個名字的播報。這些都是上古史了。

第一家開發電腦預測落點

後來用電腦分發，學生在拿到分數後，依據報紙上的總分人數累積表，預測對可能的落點，在電腦卡上畫上校系代碼，再寄到大考中心。

在學生拿到成績之後，就會到補習班來找我們做選題志願的預測。由於我認識一些電腦公司的朋友，我把大考中心所提供的各種數據拿給他們，探詢他們有沒有可能依據這些資料，預測學生最可能的落點，以及前後二十個志願的範圍，他們給我的答案是肯定的。我立即委託他們開發這個程式，經過各種測試，沒有問題，就大膽推出這項服務。當年我們是第一家有這個「選填志願服務」的補習班，造成很大的風潮，第一天來了滿坑滿谷的學生與家長。第二天就臨時加租十台電腦來應付這樣龐大的人潮。

成績公布之後，我們最忙的時間開始了，同時要查出我們的舊生的分數，也要設法打探應屆畢業學生的分數。各班導師及暑期工讀生開始打電話詢問學生的考試分數，醫特組的學長們則根據報紙刊登的各類組分數及人數累積列表，開始預估每個醫學系的最低錄取分數。這些學長們不愧是經驗豐富的過來人，半個小時內就把我需要的各種分數詳盡的製成表格，雖然只是預估，往往十分準確。同時他們也把今年報名學生的高分優待標準做成表格，發給所有的成員。

另外有一個社會組的學長組成的「文特組」則會把台大的法律系、國貿系等的分數預估標準列出來。文科的高分優待標準也依照慣例發給成員。

電腦室則忙著把導師查到的舊生分數輸入電腦，不斷的把最新戰報資料輸出來給我看。

我則忙著看資料，準備把第二天要刊登在報紙上的全版廣告的大小標題定下來。隨時根據考取台大醫科、陽明醫科、台大電機、台大法律、台大商學的人數變動來更改標題。

這是過去一年辛苦耕耘的收穫時刻，心情也跟著學生考試的成果起起伏伏，因為今年錄取的高分人數就幾乎決定了未來一年的招生結果。更重要的是這份榜單是全體員工招生的底氣，台大醫科人數多，說起話來就大聲，氣勢就旺，考不好，氣氛低迷，招起生來就心虛氣弱，日子就要沉重好一陣子。看到家長就好像矮了一截。

每年的這個時候都是最煎熬的時刻，考得好與不好，都要面對。台大醫科人數多，就會使今年的聲量大，氣勢足，但是今年的成功也是來年的包袱，總不會每年都往上爬，可是哪能想這麼多呢？先過了今年再說吧！

榜單是光榮　也是包袱

對手補習班也不是弱者，隨時都不停地變換招生策略。無論如何，今年的招生難關還是要度過，沒有今年，哪裡有來年呢？一個大型補習班的開銷十分可怕，一個不小心就會傾家蕩產。面對那麼多的老師和職員，壓在肩上的擔子，不是沉重兩個字可以形容的。每年都會想到胡適說的：「做了過河卒子，只有一直向前。」

「戰鬥」與「拚搏」是整個暑假的基調，沒有一刻是可以鬆懈的。

每一家補習班都希望招到程度好的學生，這種學生積極向上，聽話又伶俐，是來年漂亮榜單的保證。我可以將一個兩百分的學生磨練到進步一百多分，可是我沒有辦法讓他進台大醫科，那太遙遠了。一年十幾萬人考大學，台大醫科也就只錄取最頂尖的一百一十位。

櫃台在接待學生的時候，第一件事就是問他今年考幾分，只要是達到醫科或文科的高分標準，就立刻通知學長們來帶去洽談。

學長們會利用洽談的時間聊一聊學生的各科成績，並深入了解其讀書的狀況，以及哪些部分需要增強實力。由於這些學長本身就是在我們這裡補習考取台大的榜樣，而且每一年都是十幾個，一字排開十分有說服力。來打工的學長也都是平日晚上來輔導的同一批人，所以來洽詢的學生立刻就分配到一位專屬學長，無論是否有報名，暑假期間都可以來當面請教或電話聯絡學業上面的問題。開學後就是他的直屬學長，任何學業和生活上的問題都可以詢問，其實這就是人盯人的戰術。一個學長頂多分配到兩三個需要照顧的學生，我們的這個醫特組是包含了台大醫科三年級以下的男女同學，每年都大約有四十人左右來工讀。這些都是活生生的例證，對家長和學生都很有說服力。

組長都是由三年級學長擔任，在講究輩分的醫學界，學長是很有份量的。組長一聲令下，莫敢不從。我現在的各種病痛也都是這些學生們在照顧我，早期的學生已經很多都擔任主任級醫師，或者是診所的院長了。

照這樣的招生方式，看起來應該十拿九穩，每一年考試成功的榜樣就站在面前，還有甚麼話說呢？其實不然。

我們補習班的招生方式是很容易被模仿的，只是我們走在前面，有許多實際成功的例子都發生在我這裡，別人要追趕實在是沒有那麼簡單。我的學生中以高分進班的人最多，同儕互相競爭的壓力大，成功的機會就高，這一點非常吸引家長。有「口碑」就是最夠力的廣告。但是，別家補習班無法「鯨吞」，卻可以「蠶食」。

無止境的殺價

要吸引高分學生重考當然要給他學費優待，這對學生來說也是一種光榮，因爲他已經有不錯的學校可唸，卻還有勇氣重考是很可貴的。

可是我的這種優待政策卻是其他補習班可以加碼的，因爲他的人數少，而且這種加碼優待往往是我最難爲的地方。如果他給學生多優待一萬元，由於它能吸到的學生少，一年頂多不過幾萬元的損失，可是對我來說就是百萬以上的減損。我的高分學生太多了，無法撐得住這樣的比價。

高分學生多是我的優勢，可是如果只有一家對手加入，我不降價，頂多損失幾個高分生。但是如果全省有十家這樣幹，不出三年，我的高分學生優勢就喪失殆盡。

當我一年考取三十幾個台大醫科的時候，幾乎全台灣都是我的市場，可是其他都會區也不是吃素的。只要他能有一兩個考上台大醫科，就可以稱霸當地，然後他再加碼犧牲，多考幾個也是有機會，何況中部以南都會區的學生也是非常優秀。

高分生重考的機會畢竟是少數，其他補習班多一個，就有可能表示我會少一個。

本來我們補習班是把高分生的學費優待區分爲上學期免費和全年免費，外地生住宿則需自費負擔。如果僅獲得上學期免費的學生，在上學期的三次模擬考每次都能在前十名，下學期也可以獲得全免。

全免生的標準是訂在最後一個醫學系的分數以上，不論是否有塡醫學系爲志願。如果分數在這個標準以下十分之內的重考生可以獲得上學期免費。當時我們氣勢很旺，這樣的條件是非常吸引人的。

可是對手們就直接開出全年免費的條件是在低十分的標準以上，半免生是再降低十分，另外又加碼到外地生住宿也全免。畢竟多一個台大醫科對他來說都是賺到，因爲犧牲不大。對我來說則是痛苦的抉擇，因爲這是我的金字招牌，爲了保住這塊招牌，只能選擇跟進策略，我必須保住我的人數優勢，我深知共修的力量是非常的強大，兩三隻小貓是沒有辦法成就大業的。

後來有一年我們考得很好，全台灣所有補習班的台大醫科總數還不及我的一半，當我正在陶醉之際，第二天報紙上出現了對手的廣告：「凡在本班考取台大醫科者，一律發給獎學金十萬元」。

這一棒子將我打暈了，學生當然會來問我有沒有同樣的獎勵。對學生來說，免費讀一年，免費住宿，最後還有豐碩的獎金，當然是最佳選擇。這筆獎金可以讓他無憂無慮的度過新鮮人的生活。好在那一年我的口碑戰勝了學生的猶豫，可是第二年我必須面對這個挑戰。

金錢的誘因實在有無比的吸引力，我提早在四月就挑好了醫科特別組的組長，囑咐他要做全面的備戰。

在創班開始，當年的班主任就創下了史無前例的「家訪」制度，初辦那年還沒有考出任何成績，純粹是靠著他去學生家裡慢慢地說服，並祭出免費的條件，才有一些學生願意來重考。我們第一年有五個台大醫科，第二年十九個，這已經是破天荒的好成績，後來又創下了三十三與三十四個的歷史紀錄，至今無人能破。

高分學生的來源都是那幾所著名的高中，偶爾會從一些好的私立學校冒出幾個來，但主要戰場還是在名校畢業生。

考取台大醫科發給獎金這是一個誘人的元素，全省各補習班在去年已經有一半以上跟進了。歷屆醫特組的組長跟成員之間都保持良好的關係，他本身也是大三的學生。我特別詢問他們的意見，畢竟金錢對學生和家長都有很大的吸引力。如果我們堅守原來的策略，僅靠著口碑是會喪失大量的學生，這與我的想法是一致的。

這也開啟了一場惡性競爭的戰端，砸錢變成是唯一的手段，從考取之後給「獎學金」後來變成了來班註冊就給錢，只要分數達到標準，價碼從五萬、十萬、到二十萬，分數也愈降欲低，補習班似乎成了銀行的代名詞，學生成了金錢的籌碼，教育變成了銅臭競賽。

後來又演變成家長開口就先問可拿多少錢，還有家長直接說別家開的價錢比我們高，這種風氣的轉變，不都是我們補教界自己造成的嗎？我自己不也是銅臭當家的參與者嗎？我自己不也是這種惡劣行為的當事人嗎？我自己不就是砸錢比賽的投手嗎？

但是，我能退出這個無休止的競爭嗎？我甘願認輸嗎？說實話，我不想爭一口氣嗎？看著七八十個員工，等著領薪水繳房貸、交房租，養家活口，他們一二十年的青春都在這裡耕耘，我能放下嗎？何況他們在這個行業的經歷轉到任何其他行業都是歸零。就算是我為了爭一口氣，跟著拚下去，值得嗎？就算是我想要賺更多的錢，這樣的砸錢下去，我真的能賺到嗎？

自己的財務狀況，自己最清楚，一個班有一半的學生是不收錢的，其中一半還是花錢「請」來的，還要另外租房子給他們住，負擔水電，清潔打掃。還要雇請舍監，以便處理突發事件，畢竟租用這些房間的簽約人是我，我有不可逃避的責任。

這種財務上的負擔，就算是用別的班級來補，也得有足夠的學生數量，可是，大學愈設愈多，學生都去唸大學了，只剩下想要考醫科的學生。我還能撐多久？我好徬徨，好無助，常常頭痛到在床上打滾，我懷疑我有一天會頭痛而死。

曾經有一位家長當著我的面說：「你們這種惡性競爭敗壞了孩子純潔的心靈，我決定不讓孩子重考了，以後不要再打電話到我家裡。」

我當場無地自容，慚愧不已，默默地送他們到門口。隨即叫醫特組把這個孩子的名字從名單中刪除，不可再打電話去騷擾。

台大醫科是榜單廣告上最耀眼的大標題，我要活下去就不能沒有這個招牌。在應屆畢業生踏入補習班之前，他們看到的榜單是亮麗傲人的成績。踏入補習班之後看到的是鈔票砸人的醜陋。

加碼競賽　無休無止

我當時已經看到了前景黯淡，補習班一家一家倒閉，也讓我警惕到要想全身而退必須謹慎財務。這種狀況已經維持了好多年，台大醫科一枝獨秀並沒有帶給我學生的增加，反而造成其他類組明顯的萎縮。

每家補習班都要存活，我們不會因爲台大醫科招牌響亮而通吃天下。當其他補習班遇到一個社會組的學生，他們會說：「如果你是讀自然組的，你去補他們，我沒話說，他們的自然組實在太強了，社會組學生根本不受重視，你去補他們等於去當炮灰，拿錢去養自然組而已。來我們這裡，社會組是我們最好，我們專辦社會組，最關心你們。」

如果遇到理工科的學生，另外一家補習班就會說：「如果你要念醫科，你去補他們，我沒話說，他們的醫科班實在太強了，可是你是念理工的，去念就是當砲灰。」

「你是唸丙組，而分數又不夠高，也沒有學費優待，那你去幹嘛呢？交這麼高的學費，每天看著他們把高分學生捧在手掌心，看了就不爽，我們最照顧你這樣的學生。」

就這樣，是招牌也是包袱。

「家訪」應該是最受家長歡迎的時刻，三五個應屆考取台大醫科的學生一字排開在你家客廳展示，家長能不心動嗎？能不幻想我的孩子明年此時也光宗耀祖嗎？我們就是以此來吸引學生。可是當別人也有三個、五個、八個的時候，他們不會用同樣的方法嗎？

眞的，「家訪」眞的成了彼此競爭的熱點，他去一次，我就去兩次，他暗指我的師資不好，我就嘲諷他的輔導太差。雖然都不是班主任親自造訪，親口所說，代理人的犀利恐怕有過之無不及。表面上禮貌十足，暗地裡勾心鬥角。你派五個學長，我就請八個代表。光是「家訪」所花的時間和精力已經讓學長們精疲力盡，更何況這是全台灣在跑，不是只有北北基，一次出差就好幾人加好幾天，中南部有不少偏鄉山區也會有很高分的學生，照樣是賣力奔波，只爲了明年的榜單上多一個「可能的」台大醫科，我們是在幹啥？半夜常常夢到一個已經報名的學生離我而去，不是午夜夢迴，是午夜驚夢。

當開始出現了「獎學金」競賽的時候，就直接帶著大把銀子去撒了。有些家長也不客氣，直接開價說別家比我們的高，要學長們再考慮一下。有的家長還會轉述別家補習班是怎麼說我們的，似乎很喜歡添油加醋，看我們相互廝殺。顯然我們之間的廝殺就是「獎學金」的節節升高。如果已經收了錢的，會在收了更高的「獎學金」之後，要求對手代爲把我們的「獎學金」退還。

這眞的是「獎學金」嗎？說穿了這就是補習班自己作繭自縛，而我就是其中一個自以爲得意的「蠶」，自己把自己纏死而已。

當學生收了錢之後，我反而會覺得鬆了一口氣，終於搞定了。可是，說不定過兩天，又委託對手拿錢回來還了，因爲別家更高。唉，我是在幹啥？這不是作賤自己嗎？

收穫與回報

由於眞的一如承諾，在學生的補習期間，我都有做到應該履行的事項，師生相處十分愉快，在他們成爲醫生之後，我也受到他們很多的照顧。這些孩子們十分注重情義，尤其是早期沒有金錢介入那個時代的學生，他們對我可以說是情深義重。而且他們也不避諱曾經有過一段補習生涯，在把我介紹給其他醫師看診的時候也會直白的說明我是他補習時期的老師，拜託多多關心我的病情，使我內心備感溫馨。

其實學生都很乖，是我們補習班爲了競爭，把自己染上了市儈氣息，不是孩子們的問題，要檢討的是我們自己。

我多年來一直都在每一個班保留一節課，我的目的是要跟學生多親近，這樣學生有什麼問題才有機會直接告訴我，免得層層上報，與原意相去甚遠。我的課很靈活，有時候讀一篇有啟發性的英文文章，詳細解說其含義或時代意義：

例如：泰戈爾的詩集You smiled and talked to me of nothing and I felt that for this I had been waiting long.（是翻譯成「你微微地笑著，不同我說甚麼」比較好？還是「你微笑不語」比較好？）

Stray birds of summer come to my window and sing and fly away.（通常被翻譯成「夏日的漂鳥，來到我的窗前，發出啁啾歌聲，然後翩然而去」，stray birds雖然一直被翻譯成「漂鳥」，如果翻成「自由自在飛翔的鳥兒」是不是更好？）

有時候也會出現一些當代政治上的名言：If you are not at the table, you will be on the menu.（如果你不是食客，你就會成爲菜單上的食物。）

有時候也會談談有趣的翻譯，例如coca cola（可口可樂）就是神來之筆，goodyear（固特異），radar（雷達），laser（雷射）等等也都是很妙的翻譯。

美國總統歐巴馬在位的時候，經常發表演說，我常選一些他的演講給學生看，用字簡單，語法容易，易於讓普羅大眾接受，這就是政治人物演講的要訣。這種演說不是學術講座，千萬不能賣弄學問，因爲訴求的對象是平民百姓，他們才是投票者。

學生都讀過國文教科書上的某些選文，例如韓愈的〈師說〉、〈祭十二郎文〉，卻對於《古文觀止》這部書所知甚少，我就把古文觀止這部書中收集的韓愈「求官心切」的一些句子集結起來，讓學生看看文人的另外一面。因爲這件事反而造成起我編寫了《古文觀止精華章句擇要》。另外我也介紹了中國四大才子書究竟寫些甚麼。

這些內容總是輕輕鬆鬆、說說笑笑，讓學生儘量親近我，這樣才能讓他們願意敞開心胸，而不要以爲這就只是一個販賣知識的地方。

這節課是我最輕鬆的時間，沒有進度的壓力，只要提前兩周準備好教材交給教務處卽可。

每一年的第一堂課我都要到各班講解補習班有那麼多考試的目的，這也是我最常遇到的反應，因爲學生會要求各科目都減少考試，考試太多會讓他沒有時間消化上課的內容。這不是少數學生個別的問題，我們在十個月當中要考十二次模擬考，每周各科都還有周考，每天早上還有晨考，當然比學校的考試多很多。多做考題只是訓練的一環，只讀講義是不夠的。習慣考試，對考試不恐懼是目標之一。

歷屆聯考及學測的考古題都會依據範圍打散在周考中出現，因爲考古題是重要的復習材料，也是極有價值的趨勢參考。模擬考則避免使用考古題，都是老師們自己所出的題目，前面六回是依據授課範圍出題，後面六回則是包含全部的範圍，也就是沒有範圍。

「考試領導教學」是個現實的問題，對於程度的鑑別，到目前爲止還沒有比考試更好的方法。考試也是課程內容的延伸，檢討考卷是補習班的重頭戲，因爲課程壓縮，沒有辦法像學校那樣細細品味，只好用試卷來複習課程。所以我們對於每一次考試都在最短的時間把成績發給學生，並要求學生立即更正錯誤，如有疑問可以詢問任課老師或晚上的輔導老師。

我則會要求學生把所有的考題，無論答對還是答錯，都要再做一遍，因爲有時候會用猜的，這一次猜對，下一次未必會猜對，所以需要徹底了解每一個題目，這樣才能眞正學會所教的課程。

我的課程則是每一堂課都會提醒他們是否有把考題全部了解，不厭其煩再三交代，然後才開始我的授課。

我也鼓勵學生在我的課堂上提出與補習班相關的所有問題，因爲一個人的問題可能同時也是其他人的問題。但是多半的學生都寧可選擇下課後遞紙條給我，也不願意當著同學面前提問，這似乎與東方的教育方式有關。老師是正確答案的來源，老師的話就是唯一遵從的目標，學生不願意在別人面前表達自己。即使我想極力改正這個想法，仍然徒勞無功，學生們仍然不願意在別人面前表達自己，這與西洋學生在課堂上踴躍舉手有極大的不同。

有些學生在一年的補習生活中進步很多，不僅是成績的進步，在待人接物上也有長足的收穫。有一個早年的學生，來補習班報名的時候，穿著汗衫短褲拖鞋，蓄長髮，精神萎靡不振，成績單拿出來一看，六科只有三十九分（當年還有三民主義），我坐在櫃檯對面，就過去跟他說：「如果要來補習就不准穿著這樣來上課，要服裝整齊，把頭髮修剪一下，明天你來的時候先到櫃台來讓我看一下。」

第二天他眞的來了，與第一天完全不同，頭髮剪了，衣著恰當，穿著皮鞋，還十分帥氣。

第二年他考進了政大法律系，是我看過進步最多的學生。他想暑期來打工賺些錢可以唸大學用，後來就連續來了三年。他大學一畢業就考取了律師，現在已經是大律師了。每次見到我都畢恭畢敬，老師長老師短，他常說是我給他當頭棒喝，讓他清醒了，其實是他自己救了自己。

另外有一位每年暑假都來打工的學生，也是法律系，當他考取律師後，拿著印有律師頭銜的名片來送給我，告訴我那是他印的第一張名片，送給我表示對我的感謝，這種事情我怎麼會不記上一筆呢？

當年剛開放出國旅遊的時候，回國時在海關都會受到嚴格的檢查，看看有沒有違禁品或是需要打稅的物品。有一趟我從日本回來，在海關檯子上打開行李，箱子裡放的都是在日本買的高中英文參考書，這時旁邊另一位關員走過來說：「老師你還是喜歡買書喲！」

我抬頭一看，竟然是我在學校教書第一年的學生，這一批學生只比我年輕七歲，當時他們念高二。距離現在已經快要五十年了，其中有幾個學生到現在還偶爾找我打球。

我不懂日文，一個字也不認識。我買這些書是因爲日本的高中英文參考書有許多英文例句寫得非常好，我雖不懂日文，但可以看懂英文。當時我的職業就是英文老師，需要大量的參考資料，所以每年去日本都要在書店流連一兩天。

關懷與嚴厲

學生也是百百種性格，這些年也遇到過幾個難以馴服的學生，有一個是服完兵役回來，大概是自以爲年紀比較大，總是愛鼓動同學一起反對補習班的規定，例如反對在教室後面公布成績，嫌棄訂的便當不好吃，嫌老師上課枯燥，要求換老師，不要留班晚自習，幾乎天天都要處理他的特殊要求。

學生有不同的意見，我們當然應該重視，可是不能動不動以老大哥的身分要求全班聯署，作爲他的後盾。何況大部分的同學未必贊同他的要求，也有同學來訓導處表示對他的強勢作風感到厭煩，因爲這會擾亂其他人的情緒。

在訓導主任的勸導之後不但仍然無效，反而以爲補習班怕他而變得暴躁易怒。最後我決定要他來辦公室，告知我們沒有辦法滿足他的個別需求，決定把他所繳的全部學費統統退還，請他不用再來了。他很訝異我的決定，態度卽刻放軟，但是爲了全體學生的安寧，只好如此。

有一次我在老師休息室陪老師們聊天，幾個學生圍著國文老師問問題，突然有一個學生問：「老師，九九重陽節是幾月幾號？」頓時全辦公室鴉雀無聲。

由於我們的自然組尤其是醫科班很強，導致社會組的招生趨於劣勢。我特別請一位股東老師擔任文科的輔導召集人，每周三晚上把所有文科的輔導老師集合起來討論學生的課業及生活問題。

自然組的學生在補習的意願上比較強烈，相對的也比較少問題，頂多是課業上有沒有跟不上的現象。而社會組的學生在課業上比較偏向背誦，又容易受到其他同學的影響，有的人每天都在嫌棄周遭的同學，無論換哪個位子，她都不滿意旁邊的人，顯示出十分孤僻又刁難的性格，還非常喜歡公然批評附近的同學。

即使導師不斷地幫她轉換座位，她永遠都不滿意；坐在前面，她說每個老師都注意她，她受不了；坐在後面，她說前面的人會擋住她看黑板；坐在中間，她說同學很吵。後來導師報告說事實上她才是最吵的人。後來我們發現給她太多的關心，反而增長她的氣焰，讓她恃寵而驕，以便獲取更多的關懷。

我們就暫時停止去解決她發出的抱怨，只要不是學業上的問題，就一概擱置她的要求。結果這樣做果然眞的有效，當她覺得補習班對待自己與別的同學是一視同仁的時候，就沒有了囂張的氣焰。

當然，這裡面我們也發現我們自己的一些問題，就是有的輔導老師爲了表示關心學生，常會問學生：「你對班裡有甚麼不滿意的地方嗎？」

輔導老師這種負面提問的方式是錯的。這樣的問話會讓學生第一個反應就是想出一個對班裡不滿意的答案來回應，這樣就會讓我們花更多時間去解釋，或解決她的「不滿意」。我們是一個已經成熟的機構，各種問題都有一個標準流程，應該要用正面的態度問她：「最近生活快樂嗎？學業能跟得上嗎？」

如果她對老師或同學有意見，也會用比較快樂方式說出來，而不是讓負面情緒先出籠。

學生來自各地不同的學校，不同的校風，不同的程度，不同的生活環境，尤其是程度參差不齊的問題，除了聘請一流的師資之外，必須「一視同仁」，不可有偏好。

有一次有位家長約好了時間要來班裡跟我討論她孩子的課業問題，面談結束時她說教室的冷氣可不可以開強一點？補習班不可以爲了省錢，讓學生覺得太熱。

剛好這時下課，迎面走來三個男生，一個穿著短褲和短袖襯衫，一個上身穿著夾克，下身穿著短褲，另一個穿著厚夾克和長褲。我說：「您看看這三個學生的情形，我們很難去適應單獨的要求，所以我們教室裡的冷氣一律開在二十二度上下，這是人體最舒適的溫度。」

坦白說，補習班的生活無法量身訂做，只能儘量適合大多數人的要求。唯一能特別做到的是課業上的個別需求，所以我有大量的夜間輔導老師，他們都是在這邊補習的過來人，在課業上可以滿足學生不同的問題。只不過是學生要自己提出需求，如果總是默默無語，輔導老師很難發覺。

但是，十八九歲也是情竇初開，容易仰慕學長的年紀，所以我每年都要對所有的輔導老師三令五申，不可以留電話或其他通訊方式給學生，否則一律開除。由於夜間輔導待遇相當好，比接個別家教好過一倍以上，一直都沒有發生過我擔憂的事件。當然，輔導老師的自律也是一大因素，否則，當感情沖昏頭的時候，金錢又算甚麼？

我還有一個規定就是輔導老師必須與學生坐在面對面的椅子上，不可以坐在同一張大沙發上，我晚上去巡查的時候都會看看有沒有在認眞輔導。

睦鄰與貧富

學生出沒的地方總是會讓同一棟大樓的人不太方便，這也是我事先要防備的地方。由於這棟大樓正面有八部電梯，其中只有兩部可以在我的教室樓層停留，後面有一部我們專用的大電梯，加上另一部可以通往各樓層的中型電梯。

學生的上學時間比較集中在早上七點半之前到達，這個時間其他樓層不太有人活動，干擾最小。中午學生不許下樓。下午五點至六點半，學生可以出去吃飯，但是吃久了，也總是那些小吃，就有很多人改訂便當。便當都是送到教室來，由學生向導師以每周爲單位繳費，如果臨時加訂，就要在第一節上課前告知導師，每個班級固定都會有三家的供應商，菜色也會每天不同。每班在用餐後都有固定的廚餘和空盒放置處。

雖然我們隨時注意到不要打擾鄰居，也都在上下學的時間將強疏導。結果還是有管理委員在會議時認爲是不是要向本班加收電梯保養費，他們的理由是學生總是把電梯塞滿，應該會很費電。

好在我事先有請工讀生花了一天的時間記錄大樓正面所有電梯的來回紀錄，現在用到了。我向管委會的委員們報告，根據紀錄，有的電梯從一樓只載了一個人到最高的二十七樓；另一部電梯從一樓上到十九樓，只接了一位客人下到一樓；有時候有三個人同時進一部電梯，卻分別停在十二樓、十九樓、和二十五樓。而我們在上課前每部電梯都塞滿十二個人，只到八樓，在使用效率上顯然勝過其他電梯。從此以後就不見再有這種問題出現。在大樓中出現補習班一定會多多少少干擾別人的生活，我們總是以自我約束、和睦相待爲第一目標。

我也有遇到過蠻橫無理的學生，他就坐在第二排，每堂課都趴在桌子上睡覺，無論怎麼好言相勸，不理就是不理。他從來沒有和任何同學講過話，獨來獨往，來了就睡覺，這對老師來說是很不願看到事，一個學生坐在那麼顯眼的位置，就是不聽你的課，讓老師情何以堪！有一位對學生要求比較多的老師，在第二次上課就實在無法容忍，要求導師把這個學生帶出去。導師已經打過無數次電話到他家裡（當年沒有手機），都無人接聽，好不容易有人拿起電話，一聽到是補習班就立刻掛了。

第二天有一個自稱他哥哥的人過來找訓導主任，這位哥哥看起來並非善類，但是言詞還算和善。他說他弟弟的情況不用說他也知道，來補習的目的只是不要讓弟弟整天在外面流浪。訓導主任表示我們願意退回所繳的全部費用，這位哥哥不同意退費，但是可以把他弟弟換到後排座位，以免妨礙老師授課，請務必幫忙收留下來。

下學期這個學生就沒有來報名了，但是聽說在羅斯福路另一家補習班有看到他。

無論老師還是學生，遲到都是一件不好的事。我們有規定晨考時間遲到是不能進教室的，有一天我發現遲到的學生太多了，如果是有意規避晨考就太不應該。因爲晨考是小範圍的本周進度，一定要跟上進度才能在大範圍的考試中進步。我就每天七點二十分到達大走廊的中間觀看遲到的學生，然後我就把他們集合起來罰站十分鐘，這樣一來果然奏效，下個禮拜就沒有幾個人遲到了。鐵腕政策果然有效。

當我正在沾沾自喜的時候，訓導主任要我不要再給他們罰站了，他們現在遲到了都背著書包在樓下閒晃。都是這麼大的人了，不敢上樓，天氣這麼冷，上樓來還有個地方可以坐下看看書，總比浪費時間要好。

然後，訓導主任就偷偷跟學生說班主任去學太極拳了，早晨不來看晨考了。

這麼多年，這麼多學生，我愈來愈擔憂的是貧富差距所產生的影響。在我的醫科班當中，二十多前有許多貧家子弟前來就讀，他們都是第一年已經考得很好的學生。

我曾經去拜訪過其中兩位學生，一個家住五樓加蓋的違建。這位父親告訴我私立醫學系的學費實在太貴，他無法負擔。既然我的補習班可以讓他的兒子免費就讀，願意再給他一次機會，看看來年能不能考取國立大學的醫學系，並對我表示很大的感激。其父為泥水匠，他告訴我他的兒子從小就是以三包水泥為椅子，六包水泥為桌子，這樣唸到建中畢業，就把兒子託付給我了。

另一位學生家中客廳只有四張椅子，都是從舊計程車上拔下來的，兩個妹妹都是唸職業學校，只有他是唸建中。還有的學生家中是賣涼水的、菜市場賣金紙的、做黑手的，都能培養出十分優秀的孩子。

但是也有台大醫師的孩子，程度也是頂呱呱，這些孩子後來都考上台大醫科。

二三十年以前，貧富差距不大，家庭收入還看不出對孩子的影響。

我的擔憂是中下收入家庭的孩子來念醫科班的人數愈來愈少，幾乎已到了掛零的程度。這證明中產階級以上家庭的經濟能力可以把孩子保送到一定程度的優秀，他們可以參加補習，也可能請家教。而貧窮家庭缺乏這種經濟支持，孩子們欲振乏力的狀況愈來愈明顯。

三級貧戶能夠翻身成爲總統的時代似乎已經過去了，貧富差距的拉大，造成了富者愈富的現象已經非常明顯。

這是很大的隱憂，我有一篇專文來討論這個現象。從交通大學的清寒獎學金無人申請，到台北市學生占據了很大比例的大學名額，都是我憂心的地方。由於家父是基層軍官，早在我五歲那年就因公逝世，我在眷村長大，對這個現象特別敏感。請參考在「補教協會與我」這一章的最後一段，我有比較詳細的論述。

第三章 南陽街30年　老師與我

重考班的老師們必須潛心研究聯考出題方向，講義整理得井然有序，講課提綱挈領、清晰易懂。而且每年都根據聯考內容修正講義，幫助學生抓到重點，決不會一本講義使用兩年以上，這些老師們都是不可多得的人才。如果不能達到這樣的目標，學生的評價就會日益變差，課就會逐漸變少，然後就消失在講台上。

老師們雖然鐘點費可觀，事實上在沒有上課的時間仍然都在編寫講義或者備課，可說是除了吃飯睡覺之外都是孜孜不倦，這也是成爲長青樹的本錢。學生們在學校時經常需要購買各科參考書以補充課本的不足，可是到了補習班卻發現只需要反覆研讀老師的講義卽可。有些學生甚至拿到新講義就立卽去影印兩三本，以便反覆作題，也有些學生是把作過的答案擦掉再作第二次。

奇怪的是老師們無法使用其他老師的講義，不是版權問題，卽使獲得授權，仍然無法得心應手。曾經遇到一位名師必須入院開刀，兩個月無法上課，我們找了另外一位相當不錯的老師使用他的講義授課，結果是一蹋糊塗。這應該說是自己的心血自己教，授課比較順暢，能抓得住重點。

有些小型補習班在聘請老師方面的確受到不少刁難，不一定是大牌老師才會拿翹，中牌老師就很難伺候了。當然，要吃這行飯就必須忍受這一切，這是不可避免的。

老師們也是戰戰兢兢，因爲隨時有新秀竄起，自己的飯碗可能不保，畢竟補習班要停聘一個老師的課也是毫不留情的。學生的好惡才是根源，不是老闆的好惡。自己教不好的時候誰也怪不得，當然，有些小補習班請不起大牌老師，只好濫竽充數，也是時有所聞。而且這些「濫竽」還反過來修理老闆更是屢見不鮮。結果就是補習班日走下坡，逐漸消失。

不只他們受氣，連我這樣規模的班主任也一樣常常氣到冒煙。

經師？人師？

有一位國文老師徒眾甚多，徒子徒孫都旁聽他的課程，打著他的名號在外接課，而且一律使用他的講義。卽使課外補充，幽默笑語都完全一致，結果還是鸚鵡學舌，只學人言，不得人意，終究沒有一人得以成器。

他之所以有衆多徒弟的原因之一是很多人誤以爲國文容易教，不像英文、數學那樣需要專業知識。其實不然，國文不容易教，沒有雄厚的國學底子，也是教不好的。

由於國文課本的版本雖有不同，選文卻相去不遠，所以除了少數例外，大家都使用某位退休老師編寫的國文講義，從南部到北部幾乎班班相同。這份講義年年有新意，註解詳實，可說是經典之作。又另外編有專門給老師使用的補充教材，內容豐富，是極負責任的老師中的老師。這大概是補習界唯一的「公版」講義。

我前面說過，徒衆甚多的這位國文名師也是我的股東之一。有一年我在嘉義一家補習班授課，還算受歡迎，這位名師與嘉義另一家補習班的老闆交情甚好，他對我說：「你最好到另一家去教，否則我就找某某英文老師去嘉義跟你打對台。」我實在訝異，第一，他管得太多。第二，某某英文老師似乎是他可以指揮的。我在哪一家授課是我的選擇，補習界從來沒看過有人可以同時指揮兩個英文老師。

早期在補習班教書的老師人數衆多，有百分之八十是在學校的老師轉爲專業的補習老師。由於早期學校老師自行在家中招生補習或在補習班兼課的情形非常嚴重，後來各地教育主管單位不得不加強稽查，在兩者收入差異太大的情況下，許多人選擇了離開學校。

我當年就讀高中的時候，學校就有英數理化的老師公然在家裡補習，已經是公開的秘密。而且班數衆多，從一年級到三年級都有開課。有些老師不會私自補習，但是會告訴學生去哪個老師家裡補，而且月考的題目都會在他的家裡學到。這些老師們都有錢買得起摩托車，騎來學校的時候常引起學生圍觀，品頭論足一番，當時摩托車已經是高檔奢侈品了。我在旁邊觀看的時候也很羨慕，心裡想著「有爲者亦若是」，所以我開始在補習班領薪水之後的第二年就買了一輛「偉士牌」機車，可是，那個時候汽車已經很普遍了。

補習班會以各方面的評價來聘請老師，也不見得都是聘請名師，多半會以搭配的方式來做安排，因爲名師的價格實在高得嚇人。由於大家爭相延聘，這些名師的鐘點費也會水漲船高，年年高升。當然也有名師適可而止，持盈保泰，三四年才談一次薪水。有的謙虛，有的則不可一世，似乎如果沒有他，補習班就活不下去了。

我的原則是互相尊重，我相信世界上沒有不能取代的老師。何況我還有兩個全台灣頂尖的醫科班，多少老師以在這兩個班任教爲榮，一登龍門身價百倍。到其他補習班去教，只要打出在我這裡任課班級的名號，走路都有風。

我當然會給這些名師相當的禮遇，但是我也要對其他所有的老師一視同仁，除了鐘點費不一樣，其他不會有大小牌之分。他們對行政方面的意見，我都虛心受教，每次見面的噓寒問暖，一樣也不會少。畢竟他們都是來幫我賺錢的，不是來靠我吃飯的，只要認眞教學，都是恩人。

令我心寒的往事

許多老師們都在各家補習班跑來跑去，所以他們是各種訊息的傳布者，同時也是謠言的散播者。下課時間的老師休息室便是這些小道消息的主要來源，一個道聽塗說的消息在幾天之後就會傳遍台灣，而且距離事實愈來愈遠。

記得我接班主任不久，消基會曾經自己派工讀生到各補習班去私下觀察消防設施，然後又大張旗鼓的開記者會公布這些結果。雖然建管及消防單位都立卽聲明安全檢查工作必須由專業人員來認定，一般工讀生不具有這樣的能力，但是當年的消基會正在呼風喚雨的風頭上，這件事還是引起了軒然大波。

教育局立卽表示要進行全面安檢，選了我的補習班爲第一波對象。當天不但教育、建管、消防各單位同時蒞臨檢查，還帶了數十名文字和攝影記者，把我的門面和二三樓塞得滿滿的。記者們隨便抓住一個員工就問各種犀利又負面的問題，折騰兩個小時才散去。這是我第一次領教記者何以被稱爲無冕之王，從此我下令所有的員工不得接受記者的訪問，因爲記者們喜歡危言聳聽，即使是正面的回應，也會被斷章取義爲負面的結果。

這次安檢之後，老師們見到我都匆匆閃過，我也很納悶究竟發生甚麼事？過了三四個禮拜，一位在台南兼課的股東問我：「這次安檢是不是問題很大？」我說已經合格通過啦！他才舒口氣說外面謠傳這次台北市教育局一定會拿一家補習班開刀，我們的補習班名氣太大，有可能被停止招生。而且繪聲繪影，還有人說教育局公文已經下來了，七月一號開始停招，我們不敢說而已。

我的老天，眞是愈傳愈嚴重，連停招日期都出來了，再傳下去說不定會說我已經捲款潛逃了。

我連忙拿出教育局的公文給這位股東看，他才搖搖頭說：「眞是人言可畏，你趕快澄清吧！」

我只好把公文影印一份，請訓導主任在下課時間給老師們過目。結果訓導主任回報說，有的老師大聲說：「我就知道這是謠言嘛，我有信心不會有事的啦！」天曉得他是不是謠言傳播者之一。

下面這件事才是令我椎心刺骨的寒心。

由於當年教室太過分散，在管理上相當不便，而且弊端叢生，我一直想先找個地方能容納七八間教室，方便集中管理，人事成本也省下許多。多餘的教室必須逐步削減，因爲市場前景不是那麼樂觀，新的大學紛紛設立，以後落榜會比上榜困難。要提早因應才是上策。

好不容易看中一個地方面積有一千坪，格局方正，有五座安全梯，消防安全都沒有問題。原來的租客是個保齡球館，在這種寸土寸金的地方開保齡球館，眞是個奢侈的投資，果然打探之下，保齡球館有意退租。我急忙找到房東洽談，由於面積太大，房東正在發愁租不出去，我們雙方可說一拍卽合。

結果問題出在球館老闆，由於設備昂貴，不能拋棄，他有意賣去大陸。買家卻遲遲沒有付款，他又無處堆放這些巨大的球道。但是我急著需要清理場地，完成消防施工，辦理執照。包含教室及辦公室隔間、燈光、桌椅、油漆、冷氣、通風等很多需要時間的事。本來希望能趕得上當年度的招生，否則舊教室不能退租，新教室又要付錢，蠟燭兩頭燒，在財務上會很吃緊。

球館老闆則是認爲他的房租已經付到下個月底，房東已經答應再給他一個月的拆遷期，他不急於馬上停業，我的需求跟他無關。爲了能及早辦好執照，我只好開出條件說如果能在十五天之內清空完畢，我付他三十萬補償費。

雖然球館準時搬走了，我還是沒趕上及時拿到執照。只好等了兩個月的延滯時期，我必須付兩倍的房租。那年恰逢虎年出生的孩子出來補習，人數比較少，招生上不是很理想，後面開的班次都沒有滿班。

外面又開始謠傳我的補習班要倒了，財務有危機了，學生少很多了。對於學生來說，打恐懼牌是有效的，對老師們來說也是有效的，因爲有很多前例，補習班會發不出鐘點費，老師會白白教書。

那一年的尾牙，爲了慶祝新教室的成立，我決定在班裡的大走廊舉行。走廊很大，寬有七公尺，長有六十公尺，可以擺二十桌，空間還綽綽有餘。我特地找了五星級大飯店的廚師來外燴。

尾牙的帖子在一個月前就發出了，由導師親自交給老師。前一周，我還要教務主任打電話一個一個邀請。

我特地留了四桌給老師及家屬們，結果只來了三位老師。其中一位光臨的老師親口告訴我外面在謠傳些甚麼？老師們的想法是甚麼？顯然老師們認爲我倒定了，幹嘛還來吃尾牙？沒有價值的事，不幹。世界上眞的有這麼現實的事嗎？

眞是淒涼啊，這時我眞的領悟到甚麼叫寒天飲冰水，點滴在心頭。

我還沒有倒，也不曾虧欠過任何一個人的薪水，只是謠言，就讓我如此難堪，世態炎涼，人情冷暖，莫此爲甚！來吃個尾牙都嫌浪費時間？降低身分？這是個多麼冷酷的世界！

這三位老師讓我感激一輩子，眞是「最難風雨故人來！」

快要開席了，會計主任問我要不要把其他桌的人勻一些過來老師桌？這樣比較好看。我搖搖頭：「就讓他這樣空著吧！照樣上菜！」

「來，幫我跟這三位老師照一張遠距離的照片，空桌要照進去。」

我不會倒！

從那一年起，我又經營了二十三年。到結束營業爲止，不曾虧欠過任何人的薪水，也沒有少過供應商任何一毛錢。

也從那一年起，我堅持在自己的大走廊辦每一年的尾牙，四桌的老師桌又開始座無虛席。我仍舊笑臉迎人，未曾怠慢。

學生眼裡的老師

老師們也有其自抬身價之道。例如平時見面他們總不忘告訴我他多麼受學生歡迎，還掏出學生寫給他卡片展示一番。有的又會告訴我他在外縣市的老闆對他多麼禮遇，多麼希望他能增加上課時間，但是他都基於我們之間的交情，所以拒絕了。我都相信是事實，但是我的原則不會變。

我唯一的約聘標準還是每年兩次的學生評鑑。這份評鑑是在每學期結束前一個月採用問卷方式進行。其中也包含對帶班導師，以及對班務效率的評鑑，由訓導主任執行發放和回收。問卷內容除了勾選評分之外，也附帶學生對師資教學和班務行政的文字敘述，這部分是由我親自過目的，必要時也會約見學生詳述其觀點。

這是非常有趣的過程，其中我會發現一些上課時滿堂笑聲、充滿活力的老師，在學生的評價當中有相當極端的差異。在程度比較高的班級，他獲得的分數比較低，在程度比較低的班級，他的分數比較高（補習班能做到程度分班是很不容易的事）。這種現象應該是上課熱鬧歸熱鬧，授課內容才是關鍵。

如果講笑話的用字比較高雅，評分會高。用語低俗，評分就低。學生也是很有水準的。

另外一個現象是，程度不好的學生不但對師資的滿意度很低，甚至對朝夕相處、付出很多的帶班導師的評價也不高。我在這方面連續研究了五年的資料，發覺有幾位人人叫好的老師在這些程度較差的班級，獲得的評價也不高。於是我找來一些學生閒聊，發現程度不好的學生對老師的依賴度太高，因爲他們覺得不是自己的程度差，而是老師在課後都沒有畫重點。即使畫了重點，考題也不是那些重點，也就是說考題的題目必須和重點一模一樣，只要有變化，就答不出來。過分依賴老師而不能舉一反三，是學習效果不佳重要原因。

難怪來補習的學生百分之八十是前四志願的學校，而我們認爲需加強課業的學生卻根本不出來補習，出來補習的都是前段學校的學生。只有對自覺需要加強、唯恐自己輸給同儕的學生才會不停地想要增強自己的程度。

有些學生對補習班的行政效率很重視，因爲他覺得他繳的補習費必須拳拳到位，例如考試後出成績的速度，講義和考卷的排版，印刷品質，甚至吃完便當後的廚餘收集是否整潔等都有意見。因此我們對廚餘的收集以及便當盒的回收都有一套標準作業流程。一個班級的便當盒堆起來也有半個人那麼高。

前面提過的那位股東老師可說是該科目的泰斗，十分受人敬重。他在業界也是呼風喚雨，徒衆甚多，但他也是股東們十分頭痛的人物。

在股東合約中有一條明文規定，不得在北部地區其他補習班兼任股東或課程。可是他在完全不通知股東會的情況下，就在附近另外與他人合開一家補習班，衆人勸阻也無效，他還揚言如果不同意他設立另一家補習班，就退出本班。

我當時知道還有一位可與他抗衡的老師，學生的風評有過之無不及，卽使這位股東老師要退出也有人可以替代。這種違反合約的事情，萬萬不可妥協。結果我人微言輕，大家還是選擇隱忍。只是附帶要求他不可再另設新班，下不爲例。

他則答辯稱他的補習班是以社會組爲目標，與本班的自然組爲主是有差別的，不會影響我們的招生。可是本班的社會組也相當優秀啊！卽使是外面多開任何一家補習班，對我們也都是傷害呀！

有一年他新購房屋，早在三個月前他就到處宣揚說誰誰誰送了甚麼禮物，誰誰誰包了大紅包，誰誰誰要買什麼給他。一聽之下，這些禮物可都價值不斐，我當然知道他的意思是提醒我要送禮。旣然是自己的股東，我就和全體股東商量合送一個按摩椅。在看好貨之後，我就直接付款，請店家代爲送貨。

喬遷之後的某個周日，他在新家招待賓客，當然去了不少賀客，皆是補習界人物。當他帶領衆人參觀新居的時候，特地指著一個房間給我看，這是你們送的按摩椅。隨卽轉頭走向客廳。

我看後大吃一驚，怎麼是個舊貨？而且相當破舊。

隨後就參觀新居的客廳，有一張可坐二十餘人的長條大桌，是由一塊原木所雕，十分氣派。他笑著說：「他們說以後各補習班開股東會就來這裡開就好了，我就不用出門了。」

我才恍然大悟，原來他還想要一統江湖，成為補教業的共主。眞是雄心壯志，我們這個小池塘恐怕快要留不住大鯨魚了。

第二天，我問了所有到場的股東，有沒有看到那張按摩椅，結果答案與我看到的是一樣的，大家皆不知所以然，也猜不出何以如此。

我認為商家不可能收了我的錢還送舊貨過去，當然更不可能是我拿了公家的錢卻買個舊貨當禮物，因為去看貨的還有另外一位股東。

為了解開這個謎團也還給我清白，我決定打電話去他家裡，我說是不是商家送錯東西了，因為我們買的是最新式的按摩椅。

結果他說：不是啦，是妻舅要送給他一個舊的按摩椅，所以他要商家把現金退還給他了。

原來如此。

這位老師是在第一批股東離開時願意留下來繼續持有股份的老師，由於多數股東離開，現金和公積金已經近乎零，其後一兩年的財務的確相當吃緊。可以確定沒有多少利潤可以分紅，這是事實。加上學生數量開始減少，班數雖然差不多，每班人數卻不足。我跟股東們報告必須面對現實，立即裁減教室，以求班班滿班才是正途。畢竟這個行業只怕學生不夠，不怕教室不夠。

這時春節剛過正要開始準備暑期招生，他忽然打電話給我說他要退股，退股金要跟前期退股的股東一樣。面對這種大事，我的回答當然是說要先和股東們報告，結果我還沒說完，他就把電話掛了。

我的感覺是他很堅持，而且沒有商量的餘地，也罷，道不同不相爲謀，凡事都不能強求。只是今年的紅利已經在春節前發了，現在正要開始招生，一切都箭在弦上，正是要開始花大錢的時候，頭痛啊！他怎會在這個當口來這一招？偏偏就在發紅利之後。顯然是刻意的計畫。

我正在思索的時候，他又來電話了：「你要在一個禮拜之內把錢給我，不然我就要把股份賣給某某某，來搞亂你們。你是知道這個利害關係的。」

我當然知道某某某的爲人，在補教界是個頭痛的人物。我並沒有說不讓他退股，道理上我是必須向股東報告，這不是我一個人可以做主的事。

當年多數股東退股的時候，說好是從那一年的收入中領取退股金，不再領取當年的紅利，而且預留一年的時間來完成交接。如今發完今年的紅利又要再退股，實在說不過去。

眞是沒想到一位素受敬仰的泰斗級老師，會想出這樣方式，而且一點也不留餘地，限期拿錢，連個緩衝期也不給。

他大概是怕股東們會以當年度的補習班市值來處理，而且他還想好了威脅的方法，眞是誰也不敢相信會有這樣的手段。

其他股東當然不同意這樣的方式，我覺得在這種態度下，強留是不對的，只會製造更多不愉快。但是股東們不願意拿錢，我只好找另外一位股東合資，買下他的股分，才解決這件事。

從此我對所謂名師的看法有了更深的認識。嘆息不已。

稅務風波

有一年財政部賦稅小組來到櫃檯，面交一份公文給會計小姐，要補習班把最近七年的帳目及存款簿在兩周內交給他們。

我知道這個單位的名聲，遇到他們不死也要脫層皮。我知道他們來公文不是表示他們要開始查帳，而是已經查得差不多了，只是來拿個佐證而已。

我思索了好幾天，也去問了會計師，由於牽連太廣，必須再三斟酌。這裡頭的關鍵在於老師的薪資，其他如房租、設備、員工、講義、往來廠商都有明確收支細目，很好處理。

老師們的薪資不同，發放方式也不同，絕大部分是銀行轉帳，也有一些大牌老師是每三個月領一張支票，其中有一位是每三個月分成兩張支票。關鍵點是老師們不是只有在我這裡有課，如果我報上去，就要造冊寫明老師的眞名和藝名，還有住址及身分證號碼。這樣一來老師們在其他地方的收入也將一覽無遺，如果又要查他們的總收入，再補繳稅額，就牽連無辜了。

雖然這不是我的錯，總是感覺這樣不妥、虧欠太多。

最後跟會計師研究利弊得失，重點是考慮不提供任何資料的後果和提供資料的後果有何差異。

這期間財政部來過幾次公文，我都回說資料散失不全，悉由貴部處理。

最後賦稅小組通知我必須出席結案報告，我帶了兩位會計前去，由會計主任負責謄寫財政部寫好的內容，我們畫押就行了。這時一位負責的先生請我到一邊，向我說明我開出去給老師的支票去向，要我確認。

他問我：「你知不知道你每一季開給某老師的兩張支票，其中都會有一張由另一位女老師提示，也就是進到女老師的戶頭？」

說實話，他們兩位之間的關係，我一點風聲都沒有。當下我也有一些呆住了。腦海裡立即快轉倒帶，才恍然大悟。

當初請這位老師來的時候，是經過兩段轉折。第一次是他還有自己的補習班，我表明來意，他非常藝術的回答我：「將來不排除有這樣的機會。」

第二次是兩年後他主動打給我，願意談談課程的事。當時是在三月，也是開始跟老師約課的時候。我立即約好了見面地點。這時我證明一件事，就是外面謠傳他的補習班要停辦了，這樣看來謠傳應該是眞的。

這次會面談好了未來的課程節數，但是鐘點費他不說，要我問前面提到的那位按摩椅事件的股東就知道了。這個我就大惑不解了，他們兩位所教的科目絕對天南地北，毫不搭嘎，竟然還有這樣的牽連，眞是匪夷所思。連鐘點費這樣的私密問題也要相互拉抬，這裡面的水太深了，實在是高深莫測，不知道還有多少這種暗中的默契。

這位老師持有加拿大的綠卡，全家都在加拿大。所以他還特別說明暑假期間他是不會來上課的，九月開學一定準時回台。事後證明是個言而有信，負責認眞的好老師。

這次見面他還直接了當地告訴我，外面的風評都說我班的英文師資太差，需要增強。更毫不避諱的說高雄有一位女老師教書有多好，建議我聘請她上台北來，還告訴我要教最好的醫科班才能相得益彰。

當年要請一位高雄台南的老師來台北上課是不可能的，因爲沒有高鐵，必須要搭飛機，而且老師們的時間都很寶貴，不可能把時間花在交通上，必須前一天晚上就住在台北，這又是一筆開銷。而台北老師南下多半是從台北沿鐵路南下再坐飛機回來，或搭飛機下高雄再一路上來台北。並沒有只在南北兩地的補習班上課的前例，成本太高。

由於師資已經大致排定，我就沒有請這位女老師上來。但是這位男老師還是在學期中一再向我推薦。第二年我先請一位在高雄上課的股東探詢她的意願，她說只需飛機票卽可，她在台北有地方住。我覺得這樣或可一試。

這兩位都是優秀的老師，對學生有很大的幫助。

財政部的事情告一段落，心情也放鬆了。可是查稅的事已經傳揚開來，有好幾位老師紛紛詢問會不會牽連到他們，我一律據實以告，我沒有提供任何資料，包括身分、住址和銀行帳戶。

但是兩張支票的事我沒有告訴任何人，我覺得支票的事是就到此為止，那是他們自己的事。是否還是會有後續我就不得而知了，領取支票的老師也只有三位，即使有傷害也不會太嚴重。

過了幾天，這位老師突然臉色凝重地找我，要我到佛堂去對佛祖發誓，要我保證確實沒有提供他個人的資料給財政部。我覺得發誓是兒戲，怎可相信？要解決他的疑惑，只有再去賦稅小組一趟。

於是我當他的面打給那位承辦先生，說明我們二十分鐘會到，請他可否撥空見個面。

於是我當著承辦先生的面說明來意，那位先生很清楚的說明本補習班沒有提供任何資料，請他放心。這才讓我如釋重負，至於他究竟有沒有繼續懷疑甚麼，我也無能為力了。

我想他所以會那麼緊張，除了支票之外，另外應該是他在台灣的所得並沒有向加拿大政府申報吧！

倫理與勾心鬥角

爲了能把三年的課業在十個月之內複習完畢，各科都是兩個老師分開上課，例如歷史分成本國史與外國史，物理分成電學與力學，數學分成代數與幾何，兩個單元齊頭並進。所以老師們自己編的講義都是心血的精華。大家的默契就是避免上到別人的範圍，一來是個人觀點不同，再來是跨範圍之後，學生會對重複的課程興趣缺缺，上起課來無精打采。

有一位年輕的數學新秀，自以爲上課精彩，特別喜歡跨到其他老師的範圍。他喜歡精心研究幾個題目，找出比較簡易的解法，然後在課堂上講過幾個跨範圍的題目之後，又突然說這是另一位老師的範圍，繼續講下去會讓另一位老師不高興，所以他只好停止。這樣會讓學生覺得他是很會教各種範圍，同時又顯現其他老師的小鼻子小眼睛，順便就把另一位老師貶低了。

我爲了這種事情已經警告過他好幾次，這是司空見慣的把戲，每個老師都會耍，這樣彼此搞下去會害到學生的課業進程，有些冷門的章節變成無人複習。

好在另一位老師經驗豐富，把每一堂課都當成一件藝術品，不在意這些事，照樣能把課上得精彩無比。

但是這位新秀玩得過頭了。我們的老師休息室有一面大玻璃窗，學生上廁所時都從外面看得清楚。那一天是兩位老師同時上不同的班級，下課時都在休息室聊天。這位新秀突然間站起來對著資深老師鞠躬握手，不停的哈腰，外面的學生聽不見裡面說甚麼，但是都看見了。

其實他在休息室裡面是說另一位老師教得眞好，很佩服老師的講解，眞想有機會能聽一聽老師的課，一定獲益良多，純粹是恭維話。

結果他竟然在課堂上跟學生說，他跨到資深老師的範圍了，其實他也是爲了學生好，怕他們沒學到新的技巧，結果因爲這件事，他在老師休息是被責備了，所以他向老師道歉，以後不敢了。有看到的學生就不要傳開出去。

下一次資深老師上課的時候竟然有學生傳字條罵他太小氣，人家是好意，卻要人家道歉。這一回可麻煩大了，無中生有還扭曲事實，這種刻意演戲的行爲實在沒有人會想到，不可取也不可行。

因爲有導師作證，我也求證好幾個學生。下次上課只好告訴他課程上到本年度教完，下年度不再聘用。希望他負責到底，把課程好好授完，不要耽誤學生，否則就卽刻終止課程。畢竟中途換老師是對學生的一大傷害。只好請這位新秀老師在以後的下課時間到教務處休息，避免見面。

重考班與家教班常是相生相剋，最初是家教班老師依賴重考班的龐大招生能力來幫自己招生，等到知名度逐漸打開，學生達到一定規模之後，重考班反而要依賴家教班老師介紹學生進來。由於家教班最初寄生在重考班之內，所以剛開始是補習班抽六成老師拿四成，補習班負責招生、講義、及導師費用。如果這位老師是可造之材，逐漸成氣候之後，就會和補習班談判更改爲五五分帳，或老師拿更多。

如果重考班自己擁有知名的家教班系列（例如擁有英文、數學、物理家教班），是有很大的幫助。

等到單一家教班的人數多到兩千以上，這位老師多半會獨立門戶。因爲那個時候他已經認爲不需要重考班爲後盾了。

我有一位後來成爲一方之霸的老師就是如此。當家教班已成爲他的主業，就開始減少白天的課，以便應付晚上和假日的學生。

要是他能夠白天認真教重考班的學生，我們也不會有意見。只是他愈來愈過分，上課遲到已成習慣，最起碼二十分鐘起跳。補習班都是一堂課九十分鐘。他算是遲到了四分之一，即使晚一點下課，也會壓縮到學生的午休時間。

我只好請導師早晨八點打電話到他家裡請他早些出門，我則在八點半準時走上講台，跟學生聊個兩三分鐘，然後就看著他們自習，或作小考考卷，直到這位大牌姍姍來遲。

更令人氣憤的事情發生了，因為眼看著進度落後，四月了，還有兩個單元教不完，他老兄竟然突發奇想的告訴學生去他的家教班上課，因為他的家教班不久會講到這兩個單元。

這實在是不像話到了極點，學生每天晚上都要晚自習，有的時候還要考試，一切都是井然有序地照進度前行，更何況這是我的招牌班。

我覺得必須儘快解決這件事情，不能耽誤學生的課業，這是我對學生的義務，也是我的責任。不能因為是老師的失誤而對學生造成不可彌補的損失，畢竟這可能是他一生中唯一的一次補習，也是決定他未來前途的極重大事件。

第二天我就南下高雄，找了在南部第一把交椅的該科老師，說明事件的始末，並帶了我們這位荒唐老師的所有講義給他參考。好在這位老師是與我當年一同出道，有幾年他還早晨開車載我從台南去高雄上課。基於這樣的情誼，他願意搭飛機當天來回專程幫學生補上這兩個單元。我才放下心中這塊大石頭。

當然，他也只能幫這一次忙，因為他在南部的課實在忙不過來。下一年，我就把這位忙於家教班的老師停聘了。

安然度過了這次危機，我還必須找下年度的替代老師，不能因循苟且下去，否則有一天會出大亂子，何況對手補習班隨時都在虎視眈眈。

這次教訓，我永遠記得一位前來抱怨的家長所說：「無論這位老師多麼才高八斗，這種行爲也是會教壞我的孩子。」

我也想到了當年系主任教導我們的：「既爲經師也要爲人師」。

風範與身教

補習界也不乏風範極佳的老師，有一位女性歷史老師可說是天王級的人物，從南到北極受歡迎。因爲受到仰慕，就有不少對歷史教學有興趣的儲備老師慕名而來表達拜師的意願。她也同意他們隨堂聽課，反正師父領進門，修行在個人。

其中一位在校老師特別認眞，從不缺席師父的課，還經常在師父不忙的時候請教講義上的問題。聽了幾年的課之後，這位師父就主動把一個班級的課讓給她，測試看看能耐如何。這位師父告訴她第一年可以用師父的講義，以後必須有自己專屬的教材。

過了幾年這位徒弟漸成氣候，可以不再依賴單獨一家補習班生存了，這位師父不但帶著她南下高雄及台南上課，還主動把課讓給她上。

我曾經問過這位師父，妳不怕被徒弟取代嗎？補教界可是發生過不少師徒爭課，結果鬧到不歡而散的例子。

這個行業就是一塊大餅，這塊餅不會變大，只會變小。有的老師身爲師父，當他的徒弟在外面接課必須經過他同意，師父不但絕無可能把課程讓給徒弟，而且徒弟的鐘點費還必須轉進師父的戶頭，師父抽成之後再轉給徒弟。比較凶狠的師父會拿到五成以上的抽成。

這些師父的想法是：你的課都是我介紹的，沒有我的推薦，你一堂課也沒有。徒弟成了氣候，不甘心這樣被抽成，於是就不斷傳出師徒由不合轉爲公然決裂。甚至師徒互相批評爭吵，互揭瘡疤，爲了金錢而斯文掃地。有的徒弟也需要養家活口，就自謀出路，找與師父無關的補習班授課，這樣就避免互相撕破臉的窘境。

我們這位歷史老師聽了我的話就淡淡一笑的說：「我也該逐漸休息了，錢是賺不完的，有一個好徒弟也是我的光榮。將來老了，我們倆情同姊妹不也是一段佳話？」二十年後，果眞如此，佩服佩服！

眞是豁達開朗，我能與這樣的股東合夥眞是萬幸。

老師們穿梭在各補習班上課，同科之間經常也會爲了爭課而相互詆毀，於是爭相巴結班主任，同時也會向導師和教務主任傳播一些其他老師的小道消息。例如學生反映不喜歡某某老師啦，某某老師和某位會計小姐有曖昧啦，某某老師的考題錯誤一堆啦，害他都要幫忙擦屁股啦！

最嚴重的當然就是在課堂上公然指責另一位老師教錯了，這會引起很大的糾紛。前面曾提起同一門課程是要分單元上課，互不相關，但是週考和模擬考就必須在同一份考卷上包含所有教過的範圍，不能再分單元考試。

如果考題有疑義出現，通常老師們都會告訴學生去問出題老師。

結果有兩次問題反而發生在作文題，無論是國文還是英文，每次模擬考我們都會請命題老師附帶一篇範文作爲學習的方向。

我們的每一科目考試都要附詳解給學生，以便節省學生提問的時間，使課業比較能順利進行。有一次英文科出題老師寫了一篇英文作文附在詳解的答案卷上，結果另一位老師卻無緣無故的在課堂上幾近謾罵式的批評這篇作文。

首先他批評說這篇範文的文法錯誤太多，後面又說文不對題，然後又說如果他是閱卷老師就給零分。出題老師的教學一向以嚴謹著稱，我看了這篇作文，除了用字略顯深奧之外，沒有這麼多問題。怎麼會需要用這種態度呢？

我要導師多問幾個學生看看這究竟是爲什麼？結果竟然是這篇文章出現了幾個罕見字，學生懶得查字典，就直接問另外那位老師，老師一時反應不過來就僵在那裡。事後覺得臉上掛不住，就惱羞成怒了。

後來在班務會議上，我就交代導師們要求學生先查字典再問老師。我們說法當然是：每個學生都問同樣的生字，會耽誤老師太多時間。我也帶著一本老舊的字典，已經翻到幾乎每一頁都捲起來的那種，在台上告訴學生，要學好英文就必須把字典翻成這副德行，學生聽了笑得開心，大喊這是不可能的事，事情也就過了。

後來找了個時間請兩位老師吃飯，化解一下。兩位也幽默的說他們以爲請吃飯是表示下年度沒課了。

另外一次問題出在國文作文的範文，出題老師寫了兩篇風格完全不同的文章。一篇是中規中矩的傳統作文，起承轉合，引經據典，例證詳盡，辯證清晰，是相當優秀的作品。

另外他又附加了一篇新詩體的散文，屬於那種需要仔細推敲加上豐富的想像力才能體會的文字。老一派的老師恐怕會難以接受在正式大考中用這樣的方式來寫作文。

新派的老師則覺得有何不可？不必太拘泥於傳統寫法，未來這種文體一定是會被接受，而且也有可能成爲主流。

結果竟然成爲學生討論的主題，起因在於某位國文老師對於新詩體那篇文章多所貶抑，認爲這是不入流的文章，不應做爲範文。而學生則認爲新詩體的寫法比較容易發揮，不會流於制式規範。但是又擔心這種寫法會不會在聯考中不被接受，而無法獲取高分。學生這種憂心也不算沒有道理，所以我特別爲這件事請幾位國文老師和大學教授一同吃個飯商討一番，

最後的結論是只要文章通順，字體淸晰，結構嚴謹，都是可被接受的，但是一定不可以詰屈聱牙，不知所云。

震撼重考班的大事

由於在補習班的全盛時期，大家都在爭奪好的老師，所以各家重考班都以最佳待遇來聘請。這裡面最大開銷就是暑假停課期間仍然照樣領取薪水，也就是說約好了多少節課，雖然要八月底或九月才開課，七八兩個月期間仍然照約定的節數發給薪水。

重考班的一堂課都是連續九十分鐘，算兩節課，所以約定課程的時候就以四十五

分鐘爲鐘點費起算標準。老師的鐘點費沒有固定價碼，完全看補習班的需求，當該補習班找不到該科老師的時候，價碼就會高一點，或者老師名氣大的時候，價格就更高一些。

鐘點費最高的可以高達兩萬塊一節課，這種老師不多，一般都會在五千至八千之間。物理、化學、數學的鐘點費比歷史地理要高許多，因爲史地英文這些科目多半需要記憶，而物理化學數學則必須依賴老師的講解能力，所以有的時候價差會達到三倍之多，這也是市場需求的法則，而老師的講解能力的確有很大的差異。

一個社會組班級一個月的鐘點費開銷大約在三十萬上下，自然組則要到四十萬左右（自然組還多一科生物），如果約聘了十個班的師資，在暑假完全沒有上課的情形下，兩個月就需要六七百萬來支付。更何況從七月一號開始，補習班的收入是零元。因爲上一年度的學費只收到六月三十號，七月一號就是聯考了。

當學生數量足夠，上一年度的公積金是足以應付這些鐘點費開銷，可是少子化是從民國八十七年就明顯化了。這種情況一直拖到大家都開始吃不消的時候，就有補習班老闆私下商量可否把鐘點費改爲只發十個月，否則在彼此惡性殺價的前提下，勢必走上倒閉一途。

這是非常艱難的過程，首要原因是彼此不信任，每個人都怕自己開第一槍，而別人不跟進，搞到老師都跑了，還到處說你發不出鐘點費，應該是快倒了，最後吃虧的是自己。無論是老師們有意還是無意，這是必然會發生的事，我已經吃過這種虧了。

這種倒閉的謠言是很可怕的手段，因爲學生和家長都搞不清楚狀況，寧可相信謠言，也不要讓自己陷入困境，畢竟補習班很多，不一定非選這一家不可。

少子化現象也衝擊到了後段班大學，這些後段班大學就開始跟補習班搶學生，他們祭出的辦法包含了向學生保證可以進研究所等等。

在衆多補習班的要求下，大家初步開會探詢暑期不發鐘點費的意願。結果大型補習班說：「大家說好就好，我沒有意見。」小型補習班則說：「大補習班怎麼做我們就怎麼做。」這不是說了等於沒說，結果會議就是白開了。

又隔一年，正式的寒冬在暑假出現了。以前在放榜之前多多少少還是會有一些已經知道自己考不好的學生來報名。可是那一年竟然要拖到放榜後才有學生出現，而且大家都招不滿班。可是白花花的銀子還是照樣得在沒有任何收入的情況付給老師們。

這樣下去再撐也撐不了多久，更何況爲了生存而產生的殺價競爭是不會停止的，因爲上學期只要收到這個學生，幾乎就保證能收到下學期學費，但是如果上學期招不到，下學期就是零。

在這種殺價競爭的生存戰爭中，補習班的口碑是重要的依靠，但是仍有家長爲了價格而不在乎口碑。有一位老闆曾說過：「只要這個世界上有喜歡占小便宜的人，就有我的市場。」

我覺得該請台北市補習教育協會出面協助，正式邀請所有的業者開會。這次大家知道痛了，「意願」顯然高很多。最後決定對老師們說這是補教協會的決議，大家都得遵守，由協會來扛這個責任。感謝協會總幹事幫大家扛下這個擔子，又能多活幾年。

當然總幹事也受到不少責難，許多老師都把矛頭指向他，他成了罪魁禍首，不過還是幫助大家挺過了這一關，眞是勇者！

雖然有了這樣的共識，還是有些同業心存觀望，遲遲沒有對老師宣布這個決定。當我開始對老師訴說補習班的困難，請求老師共體時艱，也請老師諒解的時候，就有老師警告我千萬不要一廂情願，其他的補習班並沒有告訴他這件事，要小心以防中計，最好等別人宣布之後才說出來。

但是我已經盤算過得失，如果大家都要別人做壞人，那這件事就會胎死腹中，永遠無法解決這個難解的習題。何況現在已經是僧多粥少，開課率愈來愈低，老師們應該也都能諒解我們處境的艱難。而像我這種規模的補習班也將是最大的獲益者，一個暑假可以省下數百萬元，如果我不率先宣布這個政策，最後就是自己受害，而且證明自己反而是最沒有誠意的人，建立風範也很重要，不好再拖下去。

當然，也有老師反彈極大，而且他不相信補習班敢這麼做，甚至告訴我，他有可能即刻停課。我已經下定決心不做妥協，因爲這是我挽回補習班大量失血的機會，再讓步下去，我自己也是死路一條，何不求一條生路？何況我一向堅信天下沒有不能取代的老師。

晚上，我還在班裡處理雜務的時候，一位老闆打電話來說起同樣這位老師也向他威脅停課的事，我則回答我的看法，萬不得已只好另請老師，不好對老師有差別待遇。

結果這位老師同時失去了三個補習班的課，這是他的選擇，我並沒有影響其他老闆的決定，我也沒有這個能耐。但是我深深感受到同業的艱難不會比我少。

我不能寄望老師是「完人」，這一點我非常清楚。從開始教書就看盡了老師與老師、老師與補習班、老師與職員之間的合縱連橫與勾心鬥角。

有的時候我會陷入「是與非」的迷思，畢竟我也是個凡人，沒有任何「超凡入聖」本事，我也會「憂讒畏譏」，一件事常不能當機立斷，考慮再三，還是不能踏出第一步。

有些老師待太久了，就會倚老賣老，認爲這家補習班沒有他不行，上課不認眞，笑話比正課說得多，見了我就開始說其他補習班的是非，批評同科的老師，動不動就是誰家快倒了，誰發不出薪水了。

他今天對我說這些話，難道不會明天到處說我嗎？我如果不再聘他，他到了別家一定會在學生面前說盡我的壞話，這是勿庸置疑的。我先問自己，我怕不怕這種必然發生事？再說，他也是資深老師，我這樣做會不會落個「無情無義」的罵名？「兔死狐悲」的感嘆會不會影響其他老師？

這樣隔了一年，我還是決定爲了學生，不再續聘他。果然，他立刻受到對手的重用，在每個班級把我罵到一無是處，或許他也知道，他會獲得青睞，功能就在此。

第四章 南陽街30年　招生與我

台北市的幾家大型補習班都有招收外縣市學生的實力，每一家也都設有專責招生的單位，同時還有各縣市的專門負責人。這個負責人需要十八般武藝樣樣精通，包含到各地購買名冊，跟學校打通關節，與校門警衛交好，夜間到學校教室發放招生簡章。如果晚上進不去學校，就要白天在校門口發送，還要在高三學生群裡找尋工讀生，以便幫忙把我們贈送給學生的書本運進學校。甚至學校哪裡有缺口，學生會從何處翹課，都瞭如指掌。這種在學校耕耘以便招生時取得先機的行動，他們稱之爲「跑學校」。

爲了瞭解他們的招生模式，我還親自跟他們去澎湖、花蓮、和台東出差「跑學校」。

學校與補習班水乳交融

今天來回憶一下當年往事。

民國七八十年代台北市的學校還很容易讓外人進入，尤其是國中補習班進入當地的小學猶如入無人之境；但是因爲不會給學校添甚麼亂子，目的只是招生而已，也不曾發生甚麼不好的事件。所以學校與補習班常常「水乳交融」。尤其是國中補習班都是地區性的招生模式，學校周邊就是補習班的兵家必爭之地。事實上，國中學生的活動範圍不大，跨區補習的可能性很小，因爲年紀還小，家長也不放心孩子跑太遠。如果家裡有國中小的孩子，就表示父母正是在拚事業的年紀，放學後孩子的去向是個惱人的問題，所以補習班不只是讀書的地方，也是父母最放心讓孩子去的地方，兼具教育與託付的功能。

我兒子小學六年級（民國八十四年左右）的時候，放學回家告訴我有補習班來發「通知」，要在明天上課時間帶他們去參觀。這是永和在當年號稱最大的一家補習班，結果第二天他們還眞的由老師帶隊去參觀了，而且招待他們吃糖果喝飲料。果然小孩子就是好收買，我兒子死心塌地的決定國中要去那一家補習了。

報名時還是姑媽親自帶去報名，我拿了一張名片給我姐姐，他們頗給面子，當場打了對折。

我還聽說過最離譜的，補習班的報名表就放在小六老師的桌子上，學生塡好之後再由老師簽名，家長帶去報名可以九折優待。補習班與學校老師不是「水乳交融」是甚麼？

每次與國中補習班的老師們一起吃飯，聽他們談起當年的招生盛況，雖然學校門口一堆補習班，結果還是有飯大家吃，大家有飯吃。他們都是按月收費，家長每個月輕鬆付費，也減輕負擔，可是一年加起來並不會比我們的收費少多少。

他們的學生來自小小的一塊區域，我們的學生來自全台灣各地。雖然聽起來很神勇，但是他們輕輕鬆鬆就能搞定，我們卻累得半死，花那麼多錢，登那麼多報紙廣告（一天就幾十萬不見了）。他們只要在一兩個學校門口發發傳單，找兩個工讀生到每一家去塞塞信箱就成了。再加上國小老師的助力，班不用大，賺錢就好，眞是「山不在高，有仙則名，水不在深，有龍則靈」，我怎麼會去搞甚麼重考班？聲勢浩大，卻是過路財神，累死無人知。

像這種事情眞是令人羨慕，學生進入高中以後就沒有這麼好搞，從高一開始就會自己選擇想去哪一家補習，不像國中時代以老師的話爲準則，到了高三畢業後就更是東挑西揀，到處比較。

學生進了高一，就是高中家教班的市場，英數兩科的家教班就要使出渾身解數，用生命來招生了。因爲一旦學生報名高一，就有機會把他留到高三，六個學期加起來的學費十分可觀，這場廝殺從國中會考就開始了。

在疫情之前還沒有禁止陪考的時候，考場校園就充滿了高中家教班招生人員的身影，同時還有國中補習班的服務帳篷。學生已經要畢業了，國中補習班還來幹嗎？其功能是表面上要服務到底，私底下也是順便讓街坊鄰居認識這家補習班。

高一家教班則趁這個家長到場的機會，發送開班訊息，介紹師資，同時贈送學生高中英文單字本與數學公式手冊。還有一個大紙袋，外面印上醒目的班名。這個紙袋愈做愈大，因爲太多家教班在考場競相發送，家長會把各家送的東西都放進一個最大的袋子中，於是考完散場時，最大的袋子的曝光率最高。

爲了準備這一天，前置作業已經忙了兩個月以上，有人專門負責跑印刷廠；有人專門負責紙袋的作業；有人安排發放資料所需要的工讀生；所有文宣運到以後，依照流水線的作業方式開始裝袋，還要計算每個考場的考生人數。

因爲必須一大早出發，發放資料又很厚重，所以全部以計程車運送。事情非常繁瑣，五十個考場就要五十輛計程車，一大清早又未必路邊攔得到，所以事先找一家車行，約好時間，他們會以無線電自行呼朋引伴。

家教班

考場服務完成，學生都考完了，高中英數家教班就展開電話攻勢，邀約學生前來試聽。由於勝敗全看高一能否收到這個學生，有的補習班就開始雇用國三剛畢業的「童工」，因爲同學打給同學最有效，若能約到同學來，除了工讀費，還有一百元的獎金可拿。工讀生自己報名的話，則是給這個工讀生學費上的優待。所以讓工讀生自己報名也是個好策略。工讀生報名之後，拉同學來參加補習的力道就更強。

試聽課是免費的，老師則是拿出壓箱底的本領來讓學生叫好。但是試聽完畢如果就下課放學生回家，是最不智的作法，難得學生來了，怎可輕易放過？所以，在老師下課之前，教室後面就站滿了招生人員，等老師一宣布下課，就蜂擁而上，採取各個擊破的方式，拿出解說本和報名表，說服學生卽刻報名，同時告訴學生已經快要滿班了，如不趕快報名就沒位子啦。

大型家教班則會每個年級在每個晚上和假日都有開班，學生容易選擇。家教班老師幾乎都是「男的帥，女的美」，這裡就會出現「個人魅力」和「補習班魅力」兩種情形。

個人魅力是指學生只喜歡這個老師，不是他（她）親自上課就不報名。但是學生

愈來愈多的時候，就逐漸轉型爲以個人魅力做爲家教班班名。雖然是以老師的名字爲號召，實際上一個人是無法擔綱所有的課程，所以就會有許多徒弟老師。

有的家教班採取分段式授課，某個單元由某一位老師授課，換單元就換老師。尤其是專門講解模擬考題的家教班，一個大題就換一位老師。有的則是整個班級都由某位老師授課，而補習班掛名的那位老師有時根本不授課，靠招牌就能招生了。

這種上課方式在大型家教班都普遍採用，也就是類似師徒制。每天下午老師就把徒弟集合在一起，共同討論課程要如何上得清楚又有趣，大家腦力激盪，但是多半是以單元來做責任區分。例如英文科就有人專門負責單字部分，另外文意選塡、克漏字、閱讀測驗都有專人負責。

這樣的好處是可以專精一部份，另一個好處是若徒弟背叛，也無法單獨另立門戶，因爲他無法教授全部課程。也有老師爲了防止徒弟背叛，每個人的姓氏不變，名字則一律用班名，如此一來，教得再好也沒有機會出去開班來跟師父對抗。

有的家教班則是全部課程由某位老師單獨負責，所以非常辛苦，但是學生的向心力非常強，幾乎變成「信徒」。

有時候厲害的徒弟甚至比師父教得更好，但是這些徒弟卽使獨立門戶也沒有人成就過一番事業，這可能是因爲缺乏完整的工作團隊來輔助。畢竟一個成功的家教班也需要強力的招生人員和負責任的導師結構。這跟一個成功的領導人所具有的天生的領袖氣質有關，不是教書教得好就能把家教班辦得好。

由於曾經出現過在美語補習界很有名氣，某位以洋人姓名爲班名的補習班發生倒閉糾紛，教育局卻發現根本無此人存在，責任歸屬搞不清楚。一度打算規定補習班的名字是誰，就要用本人授課，結果發現補習界本來就有很多人用的就是藝名。而且兒童美語喜歡用動物的名稱，如何讓那隻動物來授課？

家教班裡的學生多半是前幾志願的學生，有的補習班還讓學生比賽看哪一個班來補習的人最多，就給該班巨額的獎學金，以便吸引各班級互相競爭拉同學來補習，眞是花招百出。

家教班與重考班的衝突

家教班本來是依附在重考班裡面，教室可以得到充分的利用，白天重考學生使用，晚上家教班使用。後來家教班出現了幾位天王級的人物，規模大到完全不必擔心白天教室沒有人使用，自己可以獨立自主，晚上可以同時開八個班次。教室可以大到四百人，甚至還需要開出「同步教室」，以同步轉播方式上課。

這個時候，重考班與家教班之間產生了很大的矛盾。家教班認爲重考班在失去家教班這塊領土後，會積極培養新人，進而奪回家教班的市場。爲了防止重考班有這些積極作爲，家教班的諸位天王認爲如果不牽制重考班的市場，勢必在家教班這一塊會遭到侵蝕。爲了確保自己的地位，這些天王們有了所謂「夢幻重考班」的構想。

這種「夢幻組合」就是把當時最強勢的英數理化名師組合，合辦一個重考班，來吃掉重考班原有的市場，或至少可以牽制重考班，這就天下無敵了。

最後還眞的出現了這個組合，我當時也很緊張，不知未來會出現何等狀況。但是也只能認眞做好自己的招生和管理，「天要下雨，娘要嫁人」誰能把他們怎麼樣？據我的了解，這家新創補習班沒有招生和管理的班底，整個作業系統是混亂的，每一個「天王」都不肯把自己的班底奉獻出來。追根究柢，家教班才是他們的命脈。沒有人會把「夢幻組合」看成第一要務，這就是致命傷。補習班沒有人「一生懸命」，怎麼會辦得長久？

這個班底的確有料，第一年沒有花甚麼招生費就招滿了兩個大班，風風光光的上課了。如果他們好好經營，一定會日益壯大。但是不久就傳出來，這些天王各自忙於自己的家教班，只有第一次上課時親自出席，後來都派徒弟來代打。

這下子與廣告上所說的完全不一樣，學生炸鍋了，講義和考試的作業系統付之闕如，風評愈來愈差。第二年兩個班都招不滿，接著就眞的成了「夢幻」。

補習界這種「天王」合作似乎都不會成功，天王本來就是誰也不服誰，家教班的學生也很少會一個禮拜補四個晚上的習，這就太累了。而這些天王們會組合起來的另一個打算是看看有沒有機會互相拉抬，讓自己的學生突破高點，這個盤算是錯誤的。

因爲彼此的招生人員都會鼓動學生放棄其他科目，來自己這裡補習。這種心態很正常，「跖犬吠堯，吠非其主」，更何況多招一個學生就多一份招生獎金，哪能把學生推給其他家教班呢？這就由小怨而積成大怨，最後，彼此還是各自努力吧！

還有就是有一些名不見經傳的老師們會買通一些「狗仔雜誌」，刊登很大的新聞：「補教界四大天王強力合作」等等聳動的標題，結果是自己滿足一下而已，沒有兩三年就煙消雲散。

艱辛的招生

再回來談重考班，「跑學校」這種事情非常辛苦，我曾經好幾次跟著他們到澎湖、台東、花蓮這種偏鄉去看看。這些地方的學生量不大，但是若要補習多半會來台北。

都會區的學校門禁森嚴，比較難以進去，因爲學校本來就資源豐富，我們只能贈送一些印刷精良的總複習類的書籍。也聽說過學校本來同意我們贈送書籍，但是教官後來卻命令學生全部繳回去，把書本都當成垃圾丟了。實在心痛，叫我們去回收也可以呀！

地區性的學校在我們送書去的時候就比較和善，老師們都會表示歡迎，因爲我們送去的書本都是學生需要的，例如：歷屆聯考英文字彙題總複習，數學公式總複習之類。關係打熟了之後，老師也會跟我們要一些模擬考題，他們因爲資源缺乏。甚至希望我們把考題印好才送去，而且同意我們印上補習班的名稱，他們不介意。因爲學校不會幫學生印刷，何況印刷也會是一筆成本。我們也深感區域性學校的欠缺資源。

這些高三的老師，對我們友善是基於一顆「望子成龍」的心，地處偏遠，總是希望學生多一些總複習的材料，多作一些台北學生的考題。

書籍印刷是「跑學校」最大的成本，書籍很重，通常都是先用貨運送到當地，我們在當地租了車子再送到學校去，每一次聽到書籍被教官當成垃圾丟了都很心痛。沒辦法，要打廣告也不能只送傳單，必須送學生需要的東西。

早年的時候，我們還可以在偏遠學校的畢業典禮上頒發獎學金，順便講幾句話。後來就沒機會了。

金門只有一所高中，但是若要補習幾乎都會到台灣來，所以每年招生組都會排幾次到金門去行程。有一次他們買了一些貢糖準備帶回來請大家吃，貢糖擺在旅館的桌子上，就去跑學校了，回來發現滿桌狼藉，貢糖都被吃光了，就向旅館抱怨。旅館笑著回答，下次出門要關窗，是猴子吃的。

養兵千日

班裡的招生組是一個特殊組織，平常時間會覺得他們整天閒晃，無所事事，人人都看不慣。招生的時候又希望他們每天都有好消息報上來，所謂的「養兵千日，用兵一時」，就是這個道理。

這些員工在沒有「跑學校」的時候，真會覺得是一堆廢人。我就想些事情給他們做。當年沒有電腦，找資料很困難，我就規定他們去「中央圖書館」找材料。報紙存檔裡面有不少有用的資料，例如各年度的大學新增科系，大學生休學的比例，各地補習班的招生廣告等等。總之就是要想辦法讓他們有事可做，才不會惹人嫌。但是，到了每年的元旦之後，他們就開始忙了。晚上學生都在家，是他們聯絡學生的最佳時間，整個辦公室鬧哄哄。

但是也有一些惡劣的補習班在很晚的時候冒名是我們補習班，故意引發學生家長的不滿。有些家長會在白天來電抗議，我們只好盡力解說，我們十點以後是不會打電話的。

年輕人就是精力旺盛，有一天大樓管理員向我告狀，說他們晚上在辦公室打麻將，大聲吼叫，非常吵鬧。

被我痛罵之後，麻將也被我沒收了，從此沒有聽到管理員來抱怨。過了很久之後才知道，其實他們照打不誤，因為他們定期送香菸給管理員，吃人的嘴軟嘛！

不過，他們的確很有功能，各地補習班的動向、學校的消息、其他補習班的雞毛蒜皮的小事，都會在定期會議裡報告。甚至哪些賣資料的傢伙被抓了，後來又改名換姓繼續幹老行當。哪些派報公司不老實，會把所有補習班的廣告集中在一起塞進學生抽屜，又分別向各家補習班請款。有時候他們還會自己跟著派報公司潛進學校觀察，看看有沒有確實發放。

購買資料是他們最重要的工作之一，他們也知道花費甚大，在購買之前會要求抽驗部分資料當場試打來確定資料的可靠性。在沒有電腦之前，這些資料的原始檔案都是手抄的，要一份一份影印。

不知道這些賣學生資料的人是怎麼拿到這些名單的，據說他們有一些固定來源，同時他們也有設辦公室來招攬生意，而且辦公室也常常換地點，以免被搜索。如果是台北市區的公司行號需要名單，他們就會派專人送貨，當場收錢。外縣市就貨到付款，決不會把銀行帳號讓買家知道。

需要資料的人不是只有補習班，到了選舉期間，各競選辦事處也是他們的大客戶。否則，電話拜票的電話號碼是從哪裡得到的？我家就從來沒接到過其他選區候選人的電話拜票，都是自己選區的。這就證明候選人的資料也是很精準。

我每次去招生組的辦公室，都看到黑板上密密麻麻的行程，以及參加人員的名字。後來學校爲了安全，管理愈來愈嚴，不讓補習班進去學校了。我們就把印好的書本送幾本去教務處，請他們審閱，如果他們同意，就分班別綑綁成一落，直接送到教務處再轉發給學生。

有的學校會拒絕接受，那就算了。可是後來發現該校的講義直接抄錄我們的內容，但是又何奈？我們敢跟學校對槓嗎？有的甚至直接把我們的班名先貼起來，整份考卷印給學生作爲模擬考，也只能摸摸鼻子，阿Q一下：這是我們的光榮。

每年招生之前兩個月，我都要找一個山明水秀的地方帶領全體同仁來個「渡假會議」。主要目的是當年招生前的激勵作用，企劃室要先把下年度的開班目標列出來，包含各種單張的班級解說、課程內容、考試時間、行事曆、及課程進度，用活頁資料夾裝成一份一份的冊子。

兩天一夜的時間由各單位主管劃分時間向全體同仁報告，當然重頭戲擺在企劃室、高中組、職校組、和全科班，他們需要說明招生的方向、市場的變化、學費優待的標準、開班的時間等等。其他如導處和教務處則是說明在過去一年遇到問題的解決方法，同仁之間該注意的事項，雖然很多是重申以前的規定，但是避免公司老化，這也是必要的過程，以免造成積習日久變成陋習。

當然晚上是一定會有豐盛的宴會，鼓勵大家盛裝出席。第二天的會議是從十點開始，可以睡晚一點，但是我發現早起到附近走動的都是資深員工，年輕人是不會早起的。

暑期是命脈

在重考班方面，每年度結束的隔天，也就是七月一號，至少三間教室立卽展開大規模的變動，這就是「電訪教室」的成立。每間教室裝一百線的臨時電話，還要由合格的工程師牽線。

這些硬體設備是小問題，大問題是每天三百支電話的工讀生要如何管理？怎麼找那麼多工讀生進來？工讀生要說些甚麼，也就是如何招生？

工讀生上線前的訓練幾乎每天要實施一場，因爲流動率很高。工讀生訓練包含對本班的介紹、本班最近五年的榜單、電訪表格的紀錄、工讀費的計算、以及政府規定的最低工資等等，工讀費是包含來接受訓練的時間在內。

工讀生的尋找是以每個畢業班一人爲最佳選項，因爲同學找同學，同學拉同學是最爲容易。

招生組會先把買來的資料以班級爲單位印成五個欄位的表格，一次一次過濾之後就會篩出最有可能補習的人選。

每個姓名之後就是每一次打電話的紀錄，必須詳實記載對方的重考意願，如果無人接聽或被掛電話也要記載。這份表格在下工時間要交給招生人員，如果發現意願頗高，就會由招生組派人立卽連絡。要是對方當場就表示今年考得不好，很可能重來一年，那麼這通電話就會立卽轉給招生組人員進一步洽談。

這種方式非常浪費人力，但是除此之外似乎也別無他法。常常也會看到電訪表上每一欄全部都寫無人接聽，這個工讀生明明就是在打混，但是他在交出表格的時候還很蠻橫的說：「我現在要拿錢」。

爲了避免出錯，或發生爭端，工讀生的工讀費是當場發放，在早期的時候，我們的工讀費是每周發放一次，由於人數衆多，他們的上班時間不定，沒有電腦輔助，難免忙中有錯，還造成一些誤會，有一次竟然有立法委員的助理幫學生出氣，不問青紅皂白，來櫃台大吵大鬧，把名片往櫃台一丟：「叫你們班主任出來」。好大的口氣。

我先把工讀生的資料調出來，發現他還沒有工作滿一周，並不在發放的名單裡，結果這位助理仍舊盛氣凌人，咆嘯說沒有當場拿到錢就不走人。會計室就連忙結算發錢了事。

這種情形只是偶發事件，畢竟也有工讀生在我們這裡是每年都來幫忙，而且很熱心的貢獻心力，已經是不定期的全職員工了。有些結婚生子還會帶小寶貝來喊我一聲阿公，眞是快樂無比。當然阿公也不會白叫，總是會有個小禮物。

招生期間的工讀生數量是不會嫌多的，因爲有很多工讀生在這裡打工之後會覺得想要再重考一次，因爲他們看到了放榜後那些考取理想志願的學生風風光光的回來報喜，因而產生「有爲者亦若是」的雄心。

工讀生自己報名都會有所優待，也有招生人員知道某位學生會來報名，就會要他先來打幾天工，然後給予優待。小孩子的這種把戲我也看多了，當然不會計較。

暑期工讀生會愈來愈少，因爲他們發現大好暑假不去玩個痛快，等到放榜，要是考得不理想，日子一定不會好過，於是電訪教室在放榜後就要慢慢撤掉了。

招生組在暑假期間可說是完全沒有休息，開課後我都會給他們三個星期的休假，好好放鬆一下。

我們這種重考班是所有補習班裡頭，學生停留時間最長，最消耗資源的一類。正常上課時間是早上七點半到下午五點，六點開始晚自習一直到九點半。可以自由參加，但是必須事先登記，以免家長以爲孩子在補習班，而孩子卻溜出去玩樂。所以招生時都必須對家長及學生說明上課時間的種種規定，以免他們誤以爲補習班是可以想來就來想走就走，沒有人可以管束。

所有的規定事項先講清楚可以避免很多不必要的誤解，有些學生是遠道而來在附近租房子住，可是如果超過十五分鐘還沒有到班，導師還是同樣會通知家長，以免有任何閃失。

暑期招生的櫃台作業必須非常有效率，人員也必須充足，仍舊是日夜兩班。各班級都有一個座位板，不可離開櫃台，因爲怕被偷改。有時候的確有人爲了招到這個學生，偷偷把已經劃位完成的學生姓名擦掉，改塡新的學生。

少數學生在選座位的時候會很挑剔，最可怕的是家長帶著風水先生來選座位，東看看西看看，嘴裡還唸唸有詞，眞是膽戰心驚，就怕他選了一個已經有別人報名的座位。

後來又發現別家補習班會派工讀生以報名爲理由，來偷看座位板上的名字，如果發現有熟人，就會回去打電話約該學生改報名他們的補習班。如此一來，徒增紛擾，學生也會不高興，怪我們爲何把他的名字讓他人知道。後來只好把所有已報名者改爲蓋上「已報名」的藍章。

天下父母心

家長都知道我的補習班有程度分班，他們都希望把孩子送進好班，這也難怪家長，同儕的力量很有幫助也是事實，所謂「蓬生麻中，不扶而直」就是這個道理。就好比如果把建國中學的學生都換成另一所學校的學生，名稱還是建國中學，實質上就差了很多。

對於程度好的學生，我們都會以大學聯考的成績單爲準，即使他不知道我們有程度分班，我們也會主動幫他安排。這不是歧視，而是教學上有需要。例如數學這一科，爲什麼聯考要分成「數甲」和「數乙」？美國和英國的升大學考試也把數學分成「普通數學」和「高等數學」是一樣的。同樣的，教化學的老師遇到不背元素表的學生也一樣會氣到甩粉筆。爲了教學效果，實施程度分班有很大的幫助，免得同一個班級的學生對老師的授課產生不同的反應，有的如鴨子聽雷，有的又覺得浪費時間。

家長的想法我們也很能理解，家長當然是用心良苦。通常家長會告訴我們，他的孩子資質很高，只是因爲交友不慎，今年考垮了。或者說孩子很有天分，只是很倒楣，遇到的老師都不好。或者說國中成績都是前三名，考運不佳，沒進到建中等種種理由，處處見到家長的苦心。我們會告訴家長，雖然現在只能進第二班，可是只要能在上學期的三次模擬考都考進前三名，下學期就可以轉班。家長也會要求是不是可以改爲前五名，我們也會答應，因爲我們的第一班是不會招滿的。

有的家長爲了孩子的前途，眞是用盡心血。有一位媽媽帶著兒子來，是個考得很好的孩子，只因爲沒有考上台大醫科，所以要重來一年。這位媽媽在聊天的時候竟然能說出其他八個孩子的名字，男女都有，都是今年沒考好的孩子，連考幾分她都知道，還可以細數他（她）們國中是唸哪個學校。她說了一句讓我很震驚的話：「這些都是應該可以上台大醫科的學生，我已經跟他們家長熟悉很久了。你把他們都找來，明年一定會都上台大醫科。」

當然，一樣米養百樣人。有一次颱風來，市政府還沒有宣布停課，有家長打電話來問要不要停課，他怕孩子路上出事，要來接學生下課。我們回答他，快到補習班的時候再打來，我們會把孩子送到樓下。他的反應是：「你們要全班都停課呀！」

原來他怕別的孩子沒有停課，他的孩子吃虧了。

考前集訓營

招生組曾經給我一個很好的建議，開一個「考前衝刺班」。因爲高三學生六月份在學校都沒課了，很需要有一些總複習的課程和考試。我們的老師是現成的，考卷也是現成的，何不開一個這樣的班？

他們又建議，能有住宿的話會更好，學生集體生活，再加上嚴格的管理，優良的老師，充足的輔導老師，這樣還可以招收外縣市的學生，大大的減輕南陽街教室這邊的壓力。

尋尋覓覓，終於找到救國團劍潭活動中心，有足夠大的兩間禮堂，可以上課和自習，桌子有會議桌那樣寬大，椅子又有軟墊，只是需要我們自己加裝日光燈管，這有甚麼問題？

房間分成四人房和六人房，又有專用餐廳，還有廣大的庭園可以散步。租用一個月，所以另外需要兩個房間給招生組做舍監，後來為了加強服務，又增加兩個房間。

這種集中住宿的最後衝刺，我們稱之為「考前集訓營」，有別於其他補習班的「考前衝刺班」。

第一年就招得很成功，第二年起，在三月份就有家長來詢問，年年滿班，外縣市來了很多，最遠的可以到苗栗。而且聯考都考得很好。

這一個月當中我們盡心盡力，所有的考卷都按照計畫實行，輔導老師對考卷都有深入的了解，能夠充分解說題目的內容，學生受益良多。由於住宿與教室就在同一棟樓，省掉很多通勤的時間和麻煩，這最後一個月可說是發揮了極致的效果，建立了長久的口碑。

由於住宿單位的廚師都是固定班底，菜色最多只能變化一個禮拜。後來我們也增加了麥當勞、肯德基、和滷肉飯穿插其中，好讓學生也能有個驚喜。偶爾再送些飲料給學生打打氣。

到了六月三十日營隊解散那天，很多學生與工作同仁相互依依不捨的情景，至今還是美好的回憶。畢竟一個月的朝夕相處，感情很容易建立，尤其是幫助學生解決了許多未解的疑惑，學生有滿滿的收穫，帶著無比的信心，勇敢的踏進第二天的考場。

由於每年發送到學校的書籍都不一樣，累積多年以後，我們就請執筆老師加以修正。既然包含每個類組必備的基礎知識，乾脆一次九本都印出來，這些書籍在學生報名後就帶回家，由於內容實用，很受歡迎。甚至還有人指名要買這套書，只可惜都是班內教材，恕不外賣。

招生組人員從來不會發生跳槽事件，這一點是我最滿意的事情。他們的手裡都握有龐大的資源，也是學生最信賴的人物。經常聽到有的補習班有一兩個招生人員跳槽到別家，順便還帶走幾十個學生的事件。在學生還沒有跟補習班建立感情之前，招生人員是最有影響力的人，所以這種事情也是免不了的。

在大學還有夜間部的時代，我們也有夜間重考班。學生很多是白天有工作的人士，這種奮發向上的學習精神很令人欽佩，他們的目標多半是大學的夜間部，因爲必須半工半讀，白天的工作不能放棄。

這種學生都是自己來報名，不需要招生組，學費也收得非常低。但是學習熱誠絲毫不輸給白天的學生。其中還有就讀法律系夜間部的學生後來考上了律師，在一次宴會上遇到，要不是他主動過來跟我打招呼，我根本不記得了，這都是當老師最快樂的時候。

有一年，一位連續好幾年都招生不太好的老闆邀約三位主要補習班的老闆見面，他說：「很不好意思，我只有一百多個學生，卻每年招生期間都給你們帶來很大的困擾。如果你們給我兩百萬，我今年就停辦了，你們也少了麻煩。這是對你們很好的事。」當然沒有人會同意，因爲補習班永遠不會缺乏對手，不管是一個對手還是多個對手，都是少不了的。

招生公司

在補習事業最旺盛的時候，曾經出現過一個特殊的行業，被稱作「招生公司」。這是一批熟習招生作業的補習班從業人員在離開補習班之後，暑假裡的烏合之眾，據說賺一個暑假可以吃一年。

他們會先買到學生資料，當然補習班也買得到同樣的資料，因爲賣家都是固定的那幾個人。當年個資法尚付闕如，這種學生資料的販售是很公開的行爲，其來源都是學生在小學及國高中入學時的註冊資料。

賣資料的來源不只一人，證明這份資料極有可能是一魚多吃，分別賣給不同的中盤。賣資料的價格則是依據學校的班級多寡而定，如果同時購買的學校比較多，也可以有一些折扣。早期的資料十分準確，後來取得困難，販售者會參雜一些其他資料來魚目混珠。

賣資料的人都有紀錄是哪些補習班曾經向他購買，爲了避免補習班的招生人員又再把資料轉賣給其他人，以獲取私人的利益（這是極有可能發生的事）同時也妨礙到他自己的利益，這些賣名單的人會在名冊當中用不同的假名字加入自己家裡的電話，當接到補習班的招生電話，從對方所找的名字就立卽知道這家補習班是不是他的客戶。因爲他用不同的假名字賣給不同的補習班。如果知道是轉賣的結果，賣名冊者就會毫不客氣的打給買方的老闆說：「你的員工私下轉賣資料牟利。」

這些招生公司在暑假前就找好所需要的高階工讀生，每個人再自行招募電話工讀生。他們專找一些小型補習班合作，這些補習班的財力無法負擔像大型補習班那樣的動輒五六百個工讀生，只能跟這些招生公司合作，由他們代爲招生。

招生公司都是以中立者姿態來爲學生「介紹」最適合的補習班，他們都會印製一些「補習班優劣比較表」，內容包含師資、管理、各項軟硬體的比較。當然是把合作對象擺在最優的選擇項目，這樣可以省掉對電訪工讀生的訓練，拿著比較表就可以上線，節省很多訓練及場地費用，充分利電訪工讀生的即戰力。

每到暑期招生，負責承包臨時電話線的工人都可以賺到滿盆滿缽。這些招生公司也臨時租用所有能利用到的閒置空間，甚至是民宅的走廊、臥室、客廳等等。他們也有臨時辦公室以便接待學生，再帶學生去預先講好的補習班。如果是已經在電話中講定會報名的學生，則告訴學生到該補習班找哪一位主管接洽。

招生公司的抽成制度很可怕，通常是向補習班抽取一個學生上學期學費的一半，而且是拿現金。很奇怪的是他們竟然能把學生說服到帶著全部學費去繳，這種功力可能多半歸功於當年的補習盛況，幾乎考不上的學生都會再嘗試一年。加上招生公司都以中立者的姿態來遊說學生，有不少學生對補習班了解不多，也很容易就相信這些說法。

這種推銷方式造成了很多後遺症。有的學生在發現多數高中同學選擇的補習班與自己的選擇不同而萌生向同儕看齊的情況下，向補習班要求退費。這時候就產生了很大的衝突。照理說在還沒有開課的情況下，退費是有十足的理由，可是招生公司已經取走了半數的學費。如果退費就必須倒貼半個學期的學費，何況有些補習班本身就已經體質不良，遇到退費要求的唯一方法就是拖延時間，想辦法說服學生不要退費，於是經常三番兩次地打電話給學生企圖挽回。這造成了學生及家長不勝其煩，惹來更多糾紛。

說實話，任何行業都有良莠不齊的業者，的確也有一些補習業者的心態本身就是存心不良，其目標就是撈一票就走。他們的師資參差，員工離職率很高，班主任根本不懂補習班，整天說大話，吹噓欺騙。他們認爲補習班很好辦，開著門就會有學生掉進來，其實與招生公司合作就是飲鴆止渴。

補習班的利潤根本不是他們的想像那樣，上學期一半的學費基本上就是虧本虧定了，怎麼節省都補不回來。

有一家補習班就是與招生公司合作，只勉強撐了兩個月就宣告倒閉。三百多個學生的學費已經花光殆盡，有的學生連下學期的學費都被騙去繳清了。教育局也束手無策，最後還是台北市補習教育協會出面拜託一家業者勉力承接，上學期完全免費服務，但是必須把學生打散到其他班級合併上課。

這是非常「佛心」的作爲，結果學生非但不領情，反而要求承接補習班必須維持原來的班級，不能打散。還要求把缺少的課程補回來，而且不能換教室，承接者必須租用原教室。這眞是莫名其妙的要求，可說是需索無度。學生代表還言詞強硬，在教室外面拉白布條要求依照他們的條件才可能讓他們接受。

最後補教協會只好兩手一攤，所有的善意到此爲止，請教育局自行處理。這時候才有部分明理的學生知道大勢已去，願意接受所有的安排。

在補習學生日漸減少，大學無限制擴充的雙重壓力下，招生公司也隨著這種趨勢消失無蹤。

被「朋友」耍了

有一件事本來不想提起，想起來就心痛又憤怒，但是既然是回憶錄，就應該把愁苦與歡樂都放在一邊，忠實地記下所有值得一提的事情，更何況是這種我自己瞎了眼幹的事。

多年前的一個晚上，櫃台來了一位貌似高中生模樣的年輕人，說是要賣一份學生名冊，索價不高，是在夜間主任的零用金範圍內，於是當場就買下那張光碟。

幾天後，招生組回報說資料很準確，又過了幾天，他們打了一輪的電話，都是正確無誤。大家都很好奇是哪裡來的資料，但是對方沒有留下任何聯絡方式，也無從查起。

名冊中甚至包含南部地區，我不知道當時我自己是怎麼想的，事後想起來自己就是蠢，我竟然寄了一份給南部某大補習班C先生。我自認他「是我最好最值得信賴的朋友」，爲人豪氣又慷慨，既然是好東西要與好朋友分享，就讓他也使用看看。過了十天左右，我班裡一位主任接到南部另一家補習班的L先生來電，這位L先生劈頭就問：「聽說你們補習班出事了，有一位主任被抓走了。」這根本是無稽之談。

第二天，隔壁補習班的一位主任也來問：「L先生問說你們是不是有人被抓走了？」

根本沒有的事，怎麼會有這樣的傳言？

又過了幾天，我正在教室上課，下課我才知道某單位來招生組帶走了一台電腦，我的直覺是招生組的電腦會有甚麼問題？

我打了幾通電話問相關單位，也沒人知道是怎麼回事。

大約是六點左右，某單位來電要我過去一趟。我趕去那裡，有一位組長級的先生熱誠的泡茶接待，他說我們買了一份資料是駭客入侵某機構盜取而來，他們是接到檢舉，今天證實確實資料在我的補習班，好在我們沒有另外轉售，案子當天就可以結案，但是會有一些罰款。

這件事情還上了報紙，成爲熱門新聞。

我眞是佩服L先生未卜先知的能力，竟然可以在五天前預知我們會出事。而且是那麼堅定的相信會有人被帶走，如果他手裡沒有那份資料，他憑甚麼知道我們會出事？他是怎麼取得那份資料呢？

要不是L先生急於想看到自己的傑作而忍不住打了那兩通電話，留下了確鑿的人證，恐怕我到現在還不知道事情是怎麼爆開的。

C先生與L先生在當時是很開心地等著看笑話嗎？

這個世界是眞的沒有可以信賴的「朋友」嗎？我相信還是有的，只是我自己瞎了眼吧？

第五章 南陽街30年　訓導與我

由於南陽街的房屋都非常老舊，而且面積不大，補習班都必須以南陽街一帶爲據點，把教室擴展到周邊的大樓內。但是要在周邊的大樓找到高度與寬度都適合做教室的空間，又是十分困難，所以我們的教室分布從中山北路到重慶南路都有。有的樓只有一間教室，有的樓可多到六間教室。曾一度多達二十一間教室分布在這塊區域內，這樣的結果就造成管理上極大的困難。我若要走完每一間教室，平均停留十分鐘，一個上午就報銷了。所以需要一位非常幹練的訓導主任往來於各教室巡堂。

每一間教室等於一個獨立的王國，帶班導師就是該領地的君王，除了講義與板擦、粉筆這樣的耗材由班本部供應之外，所有的作業都由導師完成。包含了點名、聯絡家長、整理教室、學生成績、中午晚上訂便當、向班本部報告出缺席人數、塡寫教室日誌等，一概由導師一人完成。他還要維持教室秩序，解決學生爭端這些偶發事件。一位訓練成熟的導師能夠很快的認識一個班上的兩三百個學生，而且能夠打成一片。

因此，建立一個完善的「聯絡」及「補給」系統就非常重要，「聯絡」是指各教室與訓導主任之間的即時聯繫，例如臨時發生的燈光損壞、學生生病、或水管破裂。在以前沒有手機的時代，只能靠B B Call找人。而「補給」則是教室所需要的講義、考卷、粉筆、電腦卡等等，由班本部運送到教室。

至於板擦則是每間教室準備五十個，有的老師一堂課就會用掉三十個，清潔人員打板擦還需要找到適當的地點，以免引起鄰居的抗議。

僅僅是老師喝水的專用保溫杯就每個教室配備十二個以上，如果一位老師分別在五個教室上課，就要備份五個。每天清洗杯子是不可缺少的程序。

早期我們補習班都是聘用榮民老伯伯來擔任清潔工作，本班最高紀錄達到十二人，每個人負責若干教室。由於他們都是隻身在台，沒有家累，每間教室、廁所、及公共區域最後的清潔做完畢都接近半夜十二點了，因此他們早晨上班的時間都在第二節上課後才來，就是十點半開始清理廁所及公共區域，然後忙到下午第一節開始上課，休息九十分鐘後再開始下午的工作。由於工時頗長，所以每一個點都有專供他們休息的小房間。

這些老伯伯們講話南腔北調，鄉音很重，學生和員工一般都不會跟他們溝通。他們各有各的脾氣，我行我素，唯一能指揮他們的只有我。但是我也常吃他們的悶虧，譬如他們會彼此計較誰的工作太輕鬆，常表示自己太勞累，年紀大了，不想作了，想住進榮民之家。其實我知道他剛從榮民之家搬出來，因爲他跟大家都不合，還會找人打架。起先我還勸他把工作做好就行，不要管別人的事，結果他就天天找我訴苦，一講就是兩三個小時，我都沒時間做別的工作了。

別人看在眼裡也有樣學樣，我成了他們之間的出氣筒。然後就是工作開始不徹底，經常這個沒作，那個忘了，脾氣愈來愈大，工作愈來愈不像話，結果他們還以為補習班少不了他們。我實在是被搞煩了，等於養了幾個老爺子在家。

最後我請會計主任先找好勞務公司負責承包，簽約簽好。我要會計室把他們的薪水算好，再加三個月的全額遣散費。我找了一個星期六晚上，把這些老爺子全部請來，說明補習班的方向是要把清潔工作徹底做好，感謝他們的辛苦。還不錯，他們沒有多說甚麼，就領了錢走人了。

租客的悲哀

租用教室是個麻煩的程序，先要看看格局是否方正，安全梯有幾個，廁所是否足夠使用，因爲學生上廁所是集中在二十分鐘之內完成，上課時間反而是空的，因此必須要有足夠的瞬間使用能量。

這些還只是初步的程序，更重要的該地點是能否更改爲補習班使用，並通過建管、消防、教育等監管單位的要求，進而取得使用執照及立案證書。當年補習教育法還不允許設立分班，每一個地點都需另外立案，我一度身兼六家補習班的班主任，事實上招生還是只用一個主要的招牌來招生。

有位房東非常有禮貌，永遠面帶微笑，而且租金合理，不會因爲是補習班就獅子大開口。但是硬體設備壞了，他就是不修理。窗戶被颱風吹壞了，他不修理，電梯壞了，找他維修，他會回話說別樓層的人都可以走樓梯，爲什麼我們不行？而且別人更高層。

我們的人多，電梯壞個一兩天還可以忍受，可是一拖就是十天半個月，學生家長會抱怨，我們也覺得對不起學生。只好我們自己花錢請電梯公司來修，可是電梯公司說當初簽約的不是我們，必須簽約人才能簽約修理。這下子問題大了，不知會搞多久。我就先表示誠意，把現金包給房東，請他務必簽約維修，結果第三天就修好了。他占了便宜還賣乖，跑來辦公室跟我說電梯壞得多麼嚴重，他又多花了兩千元，我前面付了兩萬，他提也不提。

有些教室實在太過於老舊，冷氣又是窗型機，一開動就轟聲雷動，整間教室冷氣分布不勻，又無法裝設中央空調，實在很想汰除這些不理想的地點。有一天看到館前路有一座大樓的二樓要出租，建築師先去看過，確定可以作補習班使用，招租者是一家銀行。

這件事我犯下一個不該犯的低級錯誤，那家銀行是一位當年在工商界著名的大老所創立。銀行派來洽談的是總務經理，他告訴我他們是二房東，事先有經過大房東同意把二樓轉租出去。他們目前還繼續租用地下室和一樓，他們的合約時間還剩一年八個月。但是銀行不會搬走，因爲這裡是他們的總部，他們的金庫在地下室，一樓是店面。而且更重要的是，銀行法對銀行的監管非常嚴格，總部是不能搬遷的，跟我們的合約要先簽一年半，後面一定會再續約。

我鬼迷心竅，竟然相信他的鬼話。他慷慨地給我兩個月的裝潢期，他們會把二樓徹底清空，因爲二樓的裝潢要慢慢拆除，搬到別處使用。一個門框就要三十萬，加上門就要五十萬。董事長室還有一個浴缸，價值一百多萬。他們拆除的時候，我特地去摸摸價值三十萬的門框，和看看那個不敢想像的昂貴浴缸，三十年前，那是多麼大的一筆數字啊。貧窮限制了我的想像，人生眞是充滿了奇幻，有錢人的生活方式是我想都不敢想的富裕。

後來才知道，這些錢都是來自買他股票的那些股民們，基本上是他創造出一個虛幻的假象，讓股民們盲目的跟從，他則享受榮華富貴。這位工商大老的發跡就充滿了爭議，後來捅出個大婁子遭到通緝，滯美不歸。

這個事情還是回頭怪自己吧！一年半的約簽好了，教室的裝潢也完成了，完全合乎我事前的規劃，是所有教室裡最讓我滿意的。結果，才過了半年，就知道這家銀行要搬家了，原來所說的他們不會搬家等等的事項都不算數了。跟我們接洽的總務經理也換人了，一切都死無對證。

好在大房東諒解，同意我們到隔年第二學期結束再搬家，不會讓學生無教室可以上課，但是，三間新裝潢的教室就此泡湯了。除了桌椅和日光燈，其他都只好拆除，還給房東。

這次教訓使我以後所有的教室租約都要求簽五年，否則說甚麼我都不租。

天高皇帝遠

老師的講義是分章節印刷，一年可能分成五六本發放。導師得要從班本部用小推車把講義和每天的考卷運回教室，晚上放學再把當天的電腦卡交回給電腦室輸進電腦。如果是國文英文的作文和翻譯答案卷，又要交給教務處，再分送給特約老師評閱。

所以導師的薪水比較高，同時還有帶班加給。「帶班費」是以人頭爲標準，每個月每個學生十元，後來漲到二十元，平均一個大班的導師每個月會多出三千至四千元的收入。

導師也負責幫學生訂便當，乍看之下訂便當是個小事，其實也挺麻煩。第一，至少要由三家飯館供應，才有競爭性。第二，菜色要有變化，必須前一星期就提供下周菜單，讓學生優先選擇。第三，飯量足，菜色佳。

導師星期一早上收取便當費，統計每一家的數量，然後每天打電話通知當天的量，而且必須在十一點半到十一點五十分之間送到，太早會涼掉，太晚肚子會餓。

由於這些工作會占掉許多時間，所以我同意導師可以從每一個便當費中抽取五元，一個班的便當費能夠給導師帶來可觀的收入。

但是，這件事必須由訓導主任每週都跟飯館確認是否收到當週的錢，因爲發生過不好的事。

導師收的是現金，每週結帳可以讓帳目清楚，曾經有兩位導師出過亂子，都被我請走了。她們跟飯館要求月結，飯館爲了保住生意，當然點頭答應，可是吃到甜頭以後，又要求雙月結，最後弄到捅出大窟窿，原來錢都拿去買股票了，而且玩融資，股票大跌，血本無歸。只好由我賠錢給飯館，請她們走路了。

由於教室太分散，還出過更大的亂子。導師把學費收進自己口袋了，天高皇帝遠就會出事。有些學生來上課之後覺得師資很不錯，就會帶高中同學直接去教室試聽，本部這邊根本不會知道，聽滿意了就會問導師還有沒有位子。導師收了錢就放進自己口袋，但是不在座位表上登錄，至於講義，就自己去影印店印。考卷則因爲怕有印刷不清楚的狀況，本來每個班都會多印五份，導師就用這些考題來應付，不會穿幫。

之所以會被發現是因爲學生家長打電話來幫學生請假，可是遍尋不著這個學生的資料，結果家長說是在中山北路的教室，他也不知道班名，家長還以爲補習班只有開一個班。

訓導主任起了疑心，去教室一個一個點名，才發現導師竟然收了三個學生的學費，沒有開收據給學生，學生也不介意。結果導師發現東窗事發，就此消失，他隻身在台北工作，南部家裡則說沒看到他回家。

從此以後，訓導主任就跟會計室在每次段考時間，到各班逐個點名。因爲學生已經繳了學費給導師，不可能不考試。

照這樣說應該不會出問題了，事實不然。會計室發現有四個學生手裡有收據，但卻找不到帳目，流水號也找不到是哪一本收據開出去的。我們是每一個班有一本收據，每本收據有存根聯和收據聯，由於學生繳費不會一次繳清，可能分成三次或四次，所以他可能擁有三四張收據，加起來才是學費總額。每個班開出去幾本收據都會另外註記。以前是每班用一個大帳本，每個名字分成五欄，再加總之後就知道有沒有繳清。後來用電腦，就方便多了。

每本收據用完後要交回會計室核對。後來會計室查核收據上的流水號發現竟然是前一年的舊收據，因爲以前是學生來報到時須繳回收據聯以換取學生證，結果導師暗槓下來，第二年塗改後再交給學生作收據。

這眞是膽大包天的行爲，後來導師同意賠償，才達成和解了事。

教室分散的另一大缺點是夜間輔導老師的人力浪費，由於晚自習是自願參加的，但是每間教室同樣必須配備夜間導師一名及夜間輔導老師一名。如果當天沒有人提出問題，輔導老師就會閒置三小時，後來教室集中之後，兩個班可以共用一個輔導老師，在人力上可以大爲減輕，因爲夠格的輔導老師不多，我們也不允許濫竽充數。

管理系統的操作

由於當年台北市捷運三條線同時開挖，交通十分紊亂，老師遲到成爲常態，這的確情有可原。但是無論是十分鐘還是二十分鐘，都是寶貴的時間。爲了彌補這些空白，我就編了一些英文單字測驗考題，每次二十題一個單張，約十五分鐘做完，可以充分讓學生複習單字，後來集結成三本厚厚的單字總複習給學生練習。

學生的管理和生活照顧是訓導處的職責，日間有日間導師，夜間有夜間導師，訓導主任是專任職責，下轄各班導師。夜間導師由資深夜導兼任，但是有比較困難的事件還是由訓導住任處理，畢竟學生是同一批人，沒有日夜之分。

導師是跟學生最親近的人，無論大小雞毛蒜皮的瑣事，都會跟導師說，一個經驗豐富、親切熱誠、訓練成熟的導師是補習班的棟樑。我們也出現過有年紀比較大的學生，在學期間受到導師的照顧，當上醫師之後又回來跟導師結婚的佳話。

由於有些學生有定時服藥的需求，所以訓導主任必須要學生在下課時間到訓導辦公室吃藥，因爲家長不想要其他學生知道這件事，訓導主任都會把窗簾拉起來。這種情形似乎有日益嚴重的狀況，本來是偶爾有一兩個，後來會多到一年有四五個，我們不是醫生，無法置喙。但是我跟資深的醫生談過，他們也覺得有些家長太過於緊張，有不少孩子根本沒有必要服藥。

訓導的工作十分繁雜，除了每天的出缺勤、秩序管理，還要處理學生臨時生病或意外受傷，在家長還沒有到達醫院之前，在醫院陪伴。有一次學生因爲肚子劇痛，半夜我們還找學長幫忙「喬」床位才搞定。

有一次，來了一位女士指名要見訓導主任，到了訓導處才知道她是某一個衛生所的人員，由於事關到我們一個學生的弟弟在學校被發現有肺結核，爲了避免引起恐慌，她必須親自來請我們協助安排全班學生照X光片，由我們造冊及排定時間，X光車可以在樓下停車，學生只需下樓依序排隊就好。

這的確是一件麻煩的事，學生整天都在同一個教室，時間又那麼長，萬一全班感染，要怎麼跟家長交代？雖然不是我們造成，但是心理上的遺憾總是愧對家長，更何況這是我們的招牌班，萬一學生因此轉去別家補習班，我們是沒有任何理由勸阻的。

訓導主任反應很快，立卽詢問對方可不可以跟學生說明是全體學生都必須照片子，這樣可以減輕很多恐慌。那位女士也立卽回答可以，也可以跟學生說要分班分次檢查，先看看情況再說。

我才知道肺結核在台灣並沒有像頭蝨、霍亂那樣已經絕跡了。還好那位哥哥並沒有感染，衛生所也通知家長定期追蹤。

導師是我們招生的一大主力，由於學生與導師相處時間很長，學生考完之後會回來看望導師，如果有親朋好友提起補習班的事，也會推薦我們。所以我們的管理與服務必須非常到位，才能讓學生對我們滿意。事實上，學生或家長幫我們說一句好話，勝過我們自吹自擂十句。

每年暑期招生，導師們都會組成導師招生組，他們的工讀生也都是自己帶過的學生，向心力很強，實力非同小可，大約會有四分之一的學生是導師們招進來的。曾經有一位導師帶著兩位工讀生就招了一百多個學生。後來這位導師存了三年的錢，去美國念書了。

導師組的招生方式和專責的招生組不同，他們多半都是從家長那裡下功夫。由於平時就常跟家長聯絡，包含學生的讀書狀況和考試成績，甚至會發現彼此志同道合，與家長建立不錯的感情。如果有親戚朋友問他們的子女在哪裡補習，都會推薦我們補習班，而且這種方式介紹來的學生都很「死忠」，不用擔心會被別家拉走。

我們導師的年齡層不低，年資十年以上的有十幾個，這裡已經成爲他們的家。一個成熟的員工抵得過三個新進人員，這是補習班的生存之道，有時候多年前的學生家長還會來電話試試看孩子當年的導師在不在，因爲有親戚的孩子想要重考了。

也有家長因爲感恩導師的照顧，每年中台灣盛產橘子的時候都會寄一大箱來，而且持續十幾年。

由於導師們每年都跟十八歲的學生相處，個性上也一直保有青春活潑的性格，只是，還有好幾個到現在還是小姑獨處，我也不知是不是補習班耽誤了她們，內心總是有些替她們著急。

十八歲年紀的孩子正是活潑好動的時代，願意用一年的大好時光，埋頭在補習班從早上七點半到晚上九點半，都在日光燈下過日子。每天除了聽課就是考試，中午爲了省時間，都是訂便當，晚餐會讓他們去南陽街一帶用餐，說實話，也沒甚麼好吃的，一兩個禮拜就吃厭了，最後還是訂便當，這樣的日子實在需要莫大的毅力。

我是禁止外人來班裡探視孩子的，除非是家長，其餘一概拒絕。因爲有些已經進入大學的學生會來找高中同學，我不希望他們來是因爲大學生活多采多姿，對於重考的學生來說，相比之下，日子是天壤之別，我怕學生會意志鬆懈。我的孩子們已經下了決心要重來一次，我就應該給他們信心與勇氣，不允許外面的誘惑來干擾他們。

但是孩子們的心理輔導是重要的一環，其面臨的壓力十分巨大，其中包含環境壓力、課業壓力和心理壓力。環境壓力和課業壓力是必須面對的問題，也是無法改善的問題，唯一的解方是從心理壓力來解決，也就是以心理層面的接納來改善外在的事實。

小孩子的問題常常不是大人用一廂情願的方式或半強迫的方式能夠解決。他們有他們的想法，不要誤以爲小孩子不懂事，就曾經有一個學生對我說：「你們大人的所謂『溝通』就是要我接受你們的想法，根本不會接納我的看法。」

爲了解決這種心理上的問題，同時也是最原始的問題，我在每天晚上都安排一到二位的心理輔導老師，這些老師都是我們班上考取台大醫學系或陽明醫學系的學生。由於他們在第一年聯考時就已經是考得很不錯的學生，來這裡是爲了心中的第一志願或者是醫學系而來重考的，本來是都可以快快樂樂地當一個大學生，享受新鮮人的樂趣，結果卻看著同學踏進大學之門，而他們選擇拋棄了人人嚮往的享樂，來這裡度過十個月苦讀的生活，感受必然與衆不同。

由這些過來人擔任心理輔導的優點是他們剛剛度過同樣的歲月，感同身受的同理心更優於教條式的說理，同時也是最好的榜樣，讓後來的學生產生「有爲者亦若是」的效法心態。

基本上這是相當成功的策略，每天晚上都有一到兩個成功的榜樣坐在那裡與你談心說笑，你可以開心的跟他們說出自己的心事，抒解的效果十分見效。同時這些心理輔導老師也會在記事本上記錄有嚴重難解的問題學生，以便由訓導主任做進一步的輔導。

最擔心的事情是男生與女生之間的情感問題，這種年紀是最把握不住的時候。很意外的是發生情感問題的狀況出奇的少，大概是他（她）們都專心在自己的目標上，無暇去談甚麼戀愛。

有一次是一個男生向導師抱怨，班上有一位男同學黏他黏得受不了，想換位置到最後一排。導師知道這個狀況，但是也知道僅僅換座位是無效的，全班都知道發生了甚麼事，這恐怕要從心理上解決，於是訓導主任接手了這個案子。

訓導主任找了這個纏人的男孩談了好幾次，這個男孩永遠不開口，而且每次都直視著主任，非常頑強。但是他下了課依舊站在被他糾纏的同學身旁，不肯讓步。

最後，主任請他媽媽來談，媽媽顯然知道這是怎麼回事，同意把孩子帶回家，但是請求主任讓他看一眼這個被糾纏的男生。當媽媽看到了這個男孩後，掉下眼淚跟主任說，我現在就帶回去吧！

以前我們也開過一個純女生班，就是想要讓有顧忌的家長有選擇的機會。可是，這個班是所有班級最難帶的班，學生最容易搞小圈圈，彼此互相看不慣，導師必須小心翼翼，絕不能跟哪個同學多說幾句話，要小心不能偏袒任何一方，否則動不動就會哭得一蹋糊塗。上課的時候還會傳紙條互相罵來罵去。每年到了分配班級的時候，輪到帶女生班的導師都會露出無奈的苦笑。

當我租到一個樓層可以容納全部的教室之後，就不再分別開班，在八月份一起全部開課。

這是很理想的做法，人力和物力都集中管理，還有多餘的空間容納教務處和訓導處。老師們也不用在教室之間穿梭，下課可以充分休息。

這個樓層租了二十年。租金加起來都可以買下來了，可是，重考班就是這樣，錢從左手進來，右手就出去了，過路財神，累積不了財富。

第六章
南陽街30年　講義與我

補習班最大的開銷之一是講義與考卷。每個學生的用量一年下來十分可觀，社會組大約在五千頁左右，自然組則高達七千頁。在當年沒有電腦打字及文字排版的時代，眞是繁重的工作，教務處的員工多達十二人之多，這還是打字外包後的工作量。

舊時講義打字最大的麻煩在於中英文並列和數學符號，除了國文講義比較單純之外，幾乎都屬於這兩類。如果是英文講義，就要中英文分開打字，後面再用人工一行一行剪貼。數學和理化講義一定會遇到特殊符號，例如根號、平方、化學元素，尤其是遇到幾何圖形、圓形、內角、外角，眞是痛苦無比，常常一張A4的原稿剪剪貼貼，東一塊西一塊像是以前小孩子穿的「百衲衣」。而這些剪剪貼貼的工作全部都落在教務處的頭上，每個人的桌子上除了打字稿就是剪刀和膠水，幾乎沒有任何空間，上班時間全都趴在桌上埋頭苦幹。

剪貼完工之後還要校對，免不了又是一番補補貼貼，然後送印刷場製版印刷，工序十分繁雜。當然，比起「刻鋼板」的時代已經進步很多了。

最早的時候，高中課本是國立編譯館統一編著，沒有著作權的問題，後來開放給各書局依據課綱自行編寫。各家書店都依據課綱編寫自己的版本，史地講義就會遇到地圖的問題，曾經帶來很大的麻煩。有位地理老師不知從何處剪來的地圖，我們也沒有能力查證，結果誤用了別人的作品。一封存證信函寄過來，就賠了十萬元。

有一年因爲有需要印發國文手冊贈送到學校，就請一位國文老師供搞。結果他用的是別家補習班老師的講義，我們在不知情下就印了三萬本。好在是同行，對方只要求我全部銷毀，沒有深究，眞是大人大量。這位老師在事發之後就退回稿費，自行離職。眞想不通這把年紀還會連這一點普通常識也沒有。我自己也有錯，要是先請其他國文老師看一遍，可能就免掉這個麻煩。

在還沒有電腦的時代，教務處的排課可是一大學問，每個班十幾個老師，要把招牌名師和普通老師平均搭配在每個班裡面。有的老師給我們十二堂課，有的老師二十堂課，有人要連續八堂一天上完，有人要排週一、二、四，有人只能排下午。又不是所有的班都在同一天開課，是陸陸續續開班。國、英、數三科的老師可以跨組別，其他科目不行，又不能衝堂，不能漏課，這些工作又只能一個人完成，無法眾人合作，多達二十幾個班，眞是金頭腦。

在我們補習班尚未創立之前，有一家規模很大的補習班可以每兩三天就開一班，而且班班滿班，可以從八月開到十二月。當年男生在進大學之前要先上成功嶺，所以十月之後會有另一波高峰，因爲這時候來的學生都是已經上了大學的菁英，程度特別好，所以沒有辦法一次同時開課。

負責排課的人員眞是厲害，能夠把四五十個班排得井然有序。每個老師還有一張專屬的課表，上面只記載老師自己上課的班名和時間，從來不曾出錯。當老闆們已經忙到天天數鈔票的時候，這位員工愛給誰幾堂課就給誰幾堂課，桌子下面常常放滿了老師送來的禮物。每到中秋，他就變成月餅發放中心。

直到電腦開始普及，各種打字和排版的應用軟體與時俱進，幾乎所有的工作都可以由電腦代勞，打字行一家一家消失，現在只剩下印刷的廠商。

我們也設立電腦室，負責講義和考卷的打字排版，但是所有的軟體我都要求必須用原版，不可以使用所謂的「大補帖」。幸虧我的決策正確，逃過了軟體代理商在民國九十年的一次大追殺，那次行動使得電腦補習班受傷頗重。

電腦室的小妹們幾乎都是以前講義室留下來的，她們的電腦知識多半是自學而來，相當厲害，打字速度都是在標準時間之內。尤其排版的運用，可以充分滿足各種版型的需求。

最早我們還有一間印刷室，負責所有臨時講義和考卷的印製。平時固定使用的講義都是外包給廠商，因爲裁切等等的機器都很大台，我十分擔心操作不慎，安全堪虞，還是謹慎爲上。外包雖然貴，錢給別人賺，我省心省力。

這個印刷室由一位原住民同胞負責，功夫很好，對於油墨的濃淡，紙張的厚薄，拿捏得很準。機器雖然老舊，在他手裡總是服服貼貼。他一向沉默寡言，幾乎不與任何人交談，交代他的事情都會準時完成，有的時候老師臨時拿來的考卷也不會誤事。唯一的缺點是不能讓他喝酒，只要是喝了酒，天王老子都叫不動，更何況是我。這個時候，另外兩位助理小妹就有得忙了。

後來他堅持要辭職，其他一概不說，也問不出個原由。我也就趁這個時候把印刷室裁撤了。

電腦解決了講義的煩惱

大學聯考改用電腦閱卷之後，我們也得及時因應。以前的考試，爲了方便閱卷，答案紙需要另外印一張，選擇題都是把答案紙交給教務處評閱。作文則是由專門閱卷的老師來評分，是以份數計算費用，但是很多學生根本不願寫作文，所以教務處會先把作文的空白卷抽出來，以節省開支。

電腦卡片的處理必須有相對應的機器和軟體，這個部分是必要的開支，有了電腦閱卷系統就省了不少人工處理的費用。當然，作文及翻譯還是要人工評閱，總體來說是省下不少時間。

沒有電腦之前，老師的講義是手寫完成交給教務處，他們要記錄收稿時間、打字完成時間，校對完成時間，印製完成時間，以便追蹤效率，以及責任歸屬。

大部分老師的講義都是交給班裡印製，我們會統一印製封面，但是科別則是用橡皮圖章蓋上去，後來覺得這樣太寒酸了，就分科印製封面。

也有少數老師堅持自己印製，再依照份數賣給補習班，他的理由是這樣比較漂亮，其實我們也知道他從中間賺些小錢，爲數不多，也就算了。

還有更過分的，某位老師的講義一定要封面燙金，而且紙張特厚，價格極高，聘約一年以後就敬謝不敏，我怕他將來還會採用彩色印刷。

有的老師編寫講義時，喜歡引經據典，鉅細靡遺，每一本都厚厚達百頁以上。

有些老師則是簡簡單單，只有大綱，空白比文字多。那就表示學生上課時必須全神貫注，勤於筆記。所有的精華全部集中在課堂上，別的老師想學也學不走，除非你來親自聽課。這類老師在線上課程發達後仍然拒絕線上錄影，他認爲這是獨門絕學，必須親授，以免被偷學。

網路上也會看到有些學生在聯考後販售講義，如果加上筆記，價格會更高。我看過許多學生的筆記，眞是細膩無比，精美絕倫。

曾經有一位南部私校的學生，由於哥哥考取台大醫科，他也不甘落後。但是第一年沒考好，來我這裡報名的時候，也沒有沮喪的神情，反而精神奕奕，一副來年勢在必得的氣勢。第一次模擬考後，國文作文的閱卷老師特地把他的卷子送來給我，另外附一張紙條，希望班裡注意一下這個學生。

他的作文寫得眞是奇特，一筆一畫猶如刻鋼板，而且還前後對正，左右標齊，每一行含標點符號固定二十一個字。我一看之下，大驚，連忙請導師送來他的英文作文，果然如我所料：英文作文他也「上下對正」，也就是上一行的字母如果比較少，下一行同一個位置的字母比較多，就會壓縮成更小的字。我很奇怪，學校老師都沒有注意這件事嗎？

我馬上請了一位任課老師親自教他如何寫英文作文，如何把字寫得順暢，千萬不要把英文當成國字來寫。第二年他考了全國最高分，如願以償。從來沒見過如此老實的學生。

每天晨考只考四十分鐘，都是基本題目複習。周考多半是前一周的課程內容，是利用專門排定的周考時間。模擬考則是與聯考同樣的考試題型，考試時間也安排在同樣的時間。所有班級都停課，專門用來考試，老師們也可以喘息幾天。模擬考卷與聯考一樣都是題本式印刷。

這些考卷全部都是教務處自行印刷，所以我們有專用的製版機、小型裁切機、快速印刷機，和自動分頁機。有一部影印機是製版專用，上面貼有一張禁止外用的警語。後來又改用電腦直接輸出製版，樣樣都是學問。

考卷的校對十分重要，不能出錯，因爲在考試的時候，若有學生發現錯誤，當場提出來，導師不是專業，無法立卽判定是否有錯。講義都是老師自己寫的，校對失誤還可以在課堂上更正，所以考卷的最後一校必須交給出題老師仔細核對，不可以讓學生看笑話。

多年來，紙張一直在漲價，不會回頭。教務主任就跟紙廠簽約，一次訂購相當的數量，暫存在印刷廠，無論講義或是考卷需要，都可以暫且無憂。紙張的厚薄是個頗大的學問，通常普通小考的紙張比較薄，模擬考一定要用與聯考相同的紙張。隨著紙張地厚薄變化，快速印刷機也要調整，這個部分是我一直只知皮毛，不明就裡。

當年，班級眾多的時候，講義都是印刷廠直接送到教室。我們都保持三家印刷廠分別印製，後來班級減少還是維持兩家，以免獨攬，減少弊端。

老師的講義都是逐年修訂，有時增，有時減，我們必須從新製作，剪剪貼貼反而容易出錯，由於印刷量大，價格還算公道。也有一些小型補習班聘用的老師與我們相同，就會找我們合印內頁，封面由他們自己以人工方式裝訂。都是同業，我也不會拒絕。

重考班在六月就只剩下每位老師半天的總複習時間，由老師們叮嚀一下講義的重點。由於來年的課程都在四月就約聘完成，沒有續聘的老師在六月多半不會來上課，但是我還是依約定發給鐘點費。

當年有一位未續聘的老師事先告知教務處，他六月還是會來上最後一次課，結果到了上課前一天，他拿了一千個考題的講義交給教務處，還特別叮嚀是很重要的講義，第二天就要用。教務處簡直焦頭爛額，把講義拆成五份交給五家打字行，才算郎時發到學生手裡。結果這位老師上台只講了一句話：「這一千題的答案都是C」。然後頭也不回的就走了，導師及學生一時都呆在當場。

教務處的壓力來自於「時間」，每個班至少十位老師，講義是以單元爲單位，不是一學期一本，每個老師的進度不同，換用新講義的時間也不同，如果是十個班級，這些工作量就是十倍，再加上大大小小的考試，每天都處於戰鬥狀態，若不是經驗豐富，早就崩潰了。

與教務處關係最密切的就是電腦室，除了電腦讀卡之外，其他幾乎所有的講義和考卷都需要電腦排版，時間的掌控要密切配合。而電腦室還要負責其他單位的需求，例如電訪名單的印製，招生簡章的製作，報紙廣告的版面，寄送簡章的貼紙，所有需要電腦的雜七雜八的東西都是她們的傑作。

電腦室最怕的就是突然斷電，UPS是不可少的配備。另外就是資料被盜取，班裡惟二需要鎖門的就是教務處和電腦室。一個小小的硬碟就可以盜走所有的資料，我們的電腦室在這一點上做得很好，除了必要人員，即使是很熟的人也不可以進入，下班鎖門也是很好的習慣。一直就不會發生別的補習班那種整個學生資料被拷貝的事情。

當年我剛開始教補習班的時候，只能手寫講義，沒有電腦可用。白天課多，都是利用晚上埋頭苦幹，一本講義不知道要參考多少本書籍。講義的編寫必須章節清晰，提綱挈領，各種標題還要用不同字體才能一目了然，完稿之後的最後一校必須親自完成，鐘點費固然高，心血也不少。

我的第一本講義是在正式上課的前三個月就編好了，拿到手裡的時候，眞是興奮莫名。但是，經驗不足，準備講兩個月的講義，一個月就教完了，好在事先有準備好第二本，但是以這樣的速度，恐怕一年要編到八本講義才夠用。我擔心材料會不夠。教務處也通知我，學生嫌講得太快，要改進。後來終於知道講義只是大綱，要多補充材料，學生才會認眞聽講。講義寫得太細，學生帶回家去自己唸就好，上課不用聽了。

我之所以說講義是老師的心血，是因爲我在編寫講義的過程中的親身感受。學測和聯考是決定學生考取哪一所學校的關鍵，所以一個好的補習班老師必須熟悉每一道曾經考過的考古題，最好是能達到一看到題目就知道是哪一年的考題的程度。這樣在編寫講義的時候才能把與講義相關的考題放進適當的位置，也就是你講的東西能夠配合考題的趨勢。

以前沒有電腦的時候，我都是把每一個題目抄到一張卡片上，以字母順序排列。

在講到相關的字彙或文法的時候，就把聯考題放進去，這樣就能讓學生知道這些是相關的重要題型。

例如在講到to act as if的時候，就要把曾經考過的make believe和pretend考題一起並列出來，再分析這幾個字用法上的區別或相通之處。如果是翻譯題更需要把所有可能的翻譯方法儘量表達出來。

這也就難怪每一個老師都視講義如命，所以講義的重要性也值得專章敘述。

第七章 南陽街30年　補教協會與我

除了在我自己的小小「王國」之外，我還有另一個身份，就是在「台北市補習教育事業協會」爲我們同業服務了二十四年之久，我擔任過常務監事、副理事長、與理事長。這個機構是同業們組成的「協會」，不具有任何官方色彩，純粹是服務同業。我們的成員包含技藝類與文理類補習班，技藝類是指心珠算、速讀、插花、象棋、圍棋、音樂、舞蹈等等，文理類則是語文、安親、升學、留學、研究所、高普考等等。

這個協會的功能純粹是「服務」，經費來源是會員的年度會費。我們的服務項目可說是包羅萬象，最簡單的說法就是在政府與業者之間搭起一座橋樑，作爲溝通與發聲的管道。

這些都要歸功於總幹事的辛苦，我只是把這一段歷史記錄下來，作爲補教史上值得記載的一章。

教育局與教育部都承認「協會」爲業者的代表身份而發出開會通知，也會尊重我們以代表的身份發言，以達到彼此了解對方需求的效果，而不至於產生法令脫離現實、想像與實際脫鉤的現象。

儘管有時候還會有令人瞠目結舌，官員在象牙塔裡自說自話、自得其樂的法令，但是並沒有斷絕雙方即時溝通的管道，樂於接受協會的建言，這是現代政府的好現象。

除了我們之外，也有一些自認有代表性的機構希望參與會議，但是他們生生滅滅、變幻無常。慢慢就只有本協會有能力協調業者，具有代表性，不會「時而出現，時而消失」。

我們完全依照《人民團體法》的組織規定，會員大會爲最高權力機構，選出理監事，再選出常務理監事及理事長。我擔任過常務監事、副理事長、和理事長，雖然這是無給的榮譽職，但是基於全體會員的福祉，總是樂於代表協會參加教育局和教育部裡的各項大大小小的會議，並在會議上發表代足以表全體會員的聲音並爭取應有的權益。

常見到報紙刊登補習班的新聞，都說補教界是「亂象」。我要在這裡嚴正聲明，補習界一點都不亂，大家都是中規中矩，戒慎恐懼，因爲每一步都關係到自身事業的成敗，何「亂」之有？

我承認有少數補習班「經營不善」，或說是「不善經營」，誤以爲這是個賺快錢的事業，或誤以爲這只是個耍嘴皮子的事業，或好大喜功，誇張浮濫，或東合作、西聯盟，整天想藉他人的力量壯大自己。其實，每個行業都有這樣的人，不是只有補習班。我們在經濟部的網站上可以輕易搜尋到台灣曾經設立過多少「半導體」公司，多少「生技」公司？目前剩幾家？

只不過是補習班倒閉所牽連的都是學生，比較引起矚目，教育局會很頭疼。而教育局是主管單位，補習班出了問題，大家就會責怪教育局。但是教育局不是司法單位，無法處理財務問題，而學生學習是立卽的需求，教育局又不能「命令」其他補習班接管倒閉的補習班。這些學生都已經在原補習班繳過學費，無論誰接收都是注定賠錢。這個時候我們協會就發揮最大功能，事情發生，立刻與性質相同的會員商量，由大家分別接納這些學生，本學期就不再另收費用，以免家長進一步損失。會員們也都發揮最大的愛心，卽使賠錢也樂於接收。

比較麻煩是一些社會人士因經濟狀況無法一次繳淸學費，就以分期付款的方式繳納。補習班無法處理分期付款後續的催款，就與銀行及資融公司合作辦理分期。萬一補習班倒閉，麻煩就大了。因爲學生的分期付款已經從補習班轉給所謂的「資金融通公司」，也就是補習班已經拿到了所有的學費，學生的分期付款都是要繳給資融公司。

這樣一來，學生的課程沒得上了，學費還是要繼續繳納，眞是虧大了。這是進入債務淸償的範疇，除非打集體訴訟官司，否則很棘手。即使有集體訴訟，也會曠日廢時，而學習是不能等待或中斷的。

後來我們找了幾家銀行開會，銀行同意在補習班有抵押品的條件下，接受分期付款，萬一發生倒閉事件，學生可以停止繳款。

補習班立案後，面積超過兩百平方公尺須設立「防火人」一名，這需要能獲得消防單位頒發的合格證書。這種防火人講習訓練，在許多代爲訓練的民間機構中，收費十分昂貴，最便宜的也要五千元，我們每隔一段時間都會辦理這樣的訓練，商請會員借用教室，請消防局的講師主講，含中午便當只收五百元。

可是，補習班卻是「小媳婦」，受盡委屈，又無處申冤。只要發生公共安全的事情，一定先「查補習班」：圓山飯店屋頂失火，隔天市政府就宣布需要嚴格安檢，其中一定先把「補習班」列入其中；天龍三溫暖火災，「查補習班」；論情西餐廳火災，「查補習班」；台中阿拉夜店大火，「查補習班」；林森南路火災，「查補習班」。補習班永遠是「待罪的羔羊」，默默承受。

說穿了，這就是跟政府高喊「掃黑」，卻「臨檢」酒店是一樣的，雖然是「臨檢」，記者已經早就在現場守候了。

教育局每年都對補習班輪檢，也都有建管及消防人員偕同檢查。這還不夠，臺北市政府更發明了「府層聯合稽查」，集合教育、消防、建管、研考會、及政風處的人，採臨時抽籤，到補習班臨檢。這也就罷了，反正補習班被查習慣了，可是他們一票人浩浩蕩蕩之外，還帶著四位荷槍實彈的警察進到補習班，簡直把補習班當成了八大行業。

補習班到底是犯了哪一條「原罪」？補習班多半都是十八歲以下的孩子，更多的是以國中國小的孩子爲主，這些官員有甚麼好怕的？竟然需要武力保護？擔心些甚麼？小孩子看到荷槍實彈的警察，不會害怕嗎？會怎麼想呢？家長知道以後不會以爲補習班幹了甚麼壞事嗎？還敢讓孩子繼續待在這家補習班嗎？這是「父母官」應有的心態嗎？補習班的招生對象年紀愈大，人數愈少；年紀愈小，人數愈多，這麼小的孩子能幹甚麼壞事？平時教育局、消防局、建管局都會來班裡檢查，從來都沒事。現在多了研討會及政風處的官員，就需要武裝警察，研討會與政風處官員眞是嬌貴！

經過我們積極找議員溝通，一年後，才勉強同意警察坐在警車裡待命。再過一年再找議員溝通後，稽查補習班時警察就不再隨行了。

消防與公共安全是我們最重視的項目，補習班人口密度高，沒有人敢忽視消防安全，因爲這是我們身家財產的全部，只是希望不要把我們當成賊來對待。

每次參與部裡的會議都有憤憤不平的感覺，尤其是對參與會議的人，不知道是從哪裡冒出來的，平時完全沒聽過這種單位。我懷疑他們都是基金會的「附隨組織」，每次都與基金會的砲口一致，專門攻擊補習班。這些所謂「基金會」，打著公益的名號，到處包山包海，與民爭利，卻沒人敢說公道話。

最令人納悶的是爲什麼這些「基金會」有如此大的影響力來影響政策？前幾年教育部推動最失敗的政策就是「六歲之前不可以學英文」。而且這個政策還是敗部復活，在第一次推動的時候就被輿論罵到臭頭，趕緊收回。時隔兩年，又再度推出，這次變聰明了一些，條文改成英文可以用「融入式」教學，也就是孩童們在唱唱跳跳的時候可以用英文，其他時間不行。

在教育部召開的會議上，這些基金會又拉了一些「學者」來幫腔，力陳六歲以前學習英語的種種壞處，又抬出「兒童少年福利法」，說這是違反兒少福祉。我強烈懷疑他們想要消滅兒童美語補習班是另有陰謀。

可是，兒童學習語言是愈早愈好，這是勿庸置疑的事。歐洲孩童會講三四種語言是很平常的，不是他們刻意去學的，是從小在家裡就講三四種語言。他們國與國之間的界線不明顯，不像台灣這樣人種單純。祖父母是不同國家的人，父母又是異國婚姻，這太普遍了，怎麼能擋得了？也沒看過哪個國家出來明令「禁止」學習其他國家的語言，這簡直是大開倒車。父母要讓孩子學英文，誰能阻擋？這是父母的選擇權，教育部無權置喙。除非你規定，父母讓孩子學英文就抓去槍斃。

即使禁得了補習班，也禁不了家教。這就更不公平了，有錢的孩子能請家教學英語，普通家庭就失去了機會，豈不是在製造階級對立？

教育部還是懼怕這些基金會，最後就改用「融入式」教學來妥協。這就是「掩耳盜鈴」。五六歲的孩子本來每天都在唱唱跳跳，不然你要教他做甚麼？乖乖坐著聽「相對論」？

有一次，北市教育局召開會議，某基金會執行長也在座，主席剛剛致詞完畢，這位執行長就率先發言說：「主席的致詞已經證明主席有偏見」，然後甩頭就離開會議室了。天啊！如此囂張，與會者全部都目瞪口呆，我還是第一次見到如此「無禮」、「傲慢」的人物，長見識了。「基金會」是這樣在政府機構「橫行」的嗎？

是誰養大了這樣的「刁民」？

對於會員的服務，協會從不推諉，還會主動幫會員解決疑難雜症。當勞基法變更年資計算，產生「新制」與「舊制」的選項，又有委任同意書的問題，會員們諸多不解，協會特地與企管顧問公司合作，舉辦說明會，解答各種疑問。甚至於會員不懂如何草擬委任合約，協會都大力幫助，以便適合各補習班不同的需求。這對於減少勞資糾紛有很大的助益，尤其是在承攬的部分，遇到糾紛的時候，只要拿出委任同意書都能站得住腳。

教育部招開的各項與補習教育相關的法規：補習教育法的修訂，個資法的認知，加入WTO的研討，ECFA的意見徵詢，定型化契約的內容，我們可以說是「無役不與」。

您相信嗎？一份「補習班定型化契約」要簽名二十八處之多，每一個手寫的部分都要雙方簽名。到補習班補習還不能當場報名，要先把定型化契約拿回家「研讀」五天，再帶著契約回來報名，這不是整人嗎？

您相信嗎？甚至補習班的贈品的大小、價值、及方式都會在行政院經過冗長的爭辯。學生退費之後要不要歸還贈品？這就好像買披薩「買大送大」，可不可以把買的大披薩退回，留下贈送的大披薩？

坐在辦公室裡憑空想出來的法條與實際情形之間的差距，兩者不可以道里計。業者們所面臨的消費者糾紛，也未必都是補習班的錯，官員們聽到各種千奇百怪的消費案件，也會搖頭嘆息。

補習班退費的問題一直是雙方爭執不下的焦點，「多退多贏」的想法，是難以克服的障礙。協會早早就與北市教育局就這個問題討論許多次，補教股也抱持著站在雙方公平的立場來看問題。所以早在民國八十五年就訂立了兼顧業者與消費者之間公平處理的退費辦法，這個辦法後來也有許多縣市依法泡製。

協會是個迷你的小單位，總共才三位工作人員，卻承擔了所有會員的期望，無論甚麼雞毛蒜皮的小事，無不誠懇協助。我常說這是讓我進步最快的學習環境，因爲這個地方是整個補教業的縮影，小至安親班，大到高普考和托福考，各種不同的學習需求，我都有機會見識到，這就是我待了幾十年的原因。

以下這六篇文章記錄了我們這些年來的關於教育的幾件大事，發表於「補教會訊」：

一、關於「文言文」在中學課本中減少篇幅，改爲白話文。許多補教老師期期以爲不可，向本會反映，我寫了以下這篇「無言」，來表達對「減少文言文」的「無言」。

無「言」

「杯弓蛇影」用來形容受到驚嚇後的疑心病是很恰當的，如果用白話文，只好寫成「杯子裡的水倒映著牆上的一把弓，看起來像蛇」。「病入膏肓」用來指事情已經糟到無可挽回的地步，用白話文就成了「就像病情已經進入了心臟和橫膈膜之間」。請問「琴瑟和鳴」和「河東獅吼」該怎麼寫成白話文呢？又該如何運用呢？這些用語我們不是還常常掛在口邊嗎？這些文言文有何不好呢？

文言文歷經數千年的演變，無數次的篩選，留下來的名篇名句，皆是擲地有聲，流傳千古的好文章。我們看看：「其樂融融」、「多行不義，必自斃」、「肉食者鄙」、「脣亡齒寒」、「一鼓作氣，再而衰，三而竭」、「父慈、子孝、兄友、弟恭」，這些文字都是出自「左傳」，那已經是兩千三百年前的作品了，我們不是今天還在使用嗎？我們再看看諸葛亮的前後出師表：「危急存亡之秋」、「察納雅言」、「引喻失義」、「妄自菲薄」、「作奸犯科」、「漢賊不兩立」、「鞠躬盡瘁、死而後已」這些名句仍舊是我們日常生活的語言，一點也不陌生。王羲之的「蘭亭序」

已有一千七百多年的歷史，下面這些句子，至今仍朗朗上口再熟悉也不過了：「群賢畢至」、「少長咸集」、「崇山峻嶺」、「茂林修竹」、「暢敘幽情」、「清流急湍」、「天朗氣清」、「惠風和暢」。哪裡不合時宜？哪裡老舊不堪？又哪裡艱深難懂？

劉禹錫的「陋室銘」區區八十一個字，讀來興味盎然，歷久彌新。陶淵明的「桃花源記」令人悠然神往，欽羡不已。李白的「春夜宴桃李園序」，好一個「夫天地者，萬物之逆旅。光陰者，百代之過客。而浮生若夢，為歡幾何？」讀來蕩氣迴腸，心胸開闊，百讀不厭。范仲淹的「岳陽樓記」則是消沉與奮起交織、逆境與積極並存。他如歐陽修的「醉翁亭記」、「秋聲賦」，蘇軾的「前後赤壁賦」、「石鐘山記」都是可貴的文化遺產，無論是怡情養性，還是勵志奮發，皆可大有斬獲。

「學而時習之，不亦說乎？有朋自遠方來，不亦樂乎？」、「孝悌也者，其為人之本與？」、「巧言令色，鮮矣仁」、「吾日三省吾身」、「與朋友交，言而有信」、「無友不如己者」、「慎終追遠」、「溫、良、恭、儉、讓」、「不患人之不己知，患不知人也」、「三十而立，四十而不惑、五十而知天命、六十而耳順、七十而從心所欲不逾矩」這些話道理深奧嗎？不能用嗎？沒有用嗎？多少年了？他們全部出自「論語」，早已成為我們的日常了。

一個國家的文化精隨展現無遺，不是「源遠流長」嗎？

「熟讀唐詩三百首，不會作詩也會吟」，凡事都在一個熟練與否，不在於難不難。如果文言文難讀，那物理、化學、數學難不難？要不要唸？數學可以訓練思考與邏輯，化學可以得知物質變化，物理可以知曉萬物的常理，將來用得到用不到是一回事，兒時的潛移默化是必要的訓練。背幾篇古文又算甚麼？還敢拿來做擋箭牌？連寫在地上的大字報都能寫錯字，還敢「振振有詞」談教改？

說起詩詞，更是千錘百鍊，家喻戶曉，平仄押韻，傳誦不已。我們且以白居易的「琵琶行」為例，看看這些句子常不常用：「千呼萬喚始出來，猶抱琵琶半遮面」、「大珠小珠落玉盤」、「此時無聲勝有聲」、「門前冷落車馬稀」、「同是天涯淪落人，相逢何必曾相識」、「春江花朝秋月夜，往往取酒還獨傾」。再看看「長恨歌」的這些句子：「天生麗質難自棄」、「回眸一笑百媚生」、「仙樂飄飄處處聞」、「芙蓉如面柳如眉」、「上窮碧落下黃泉」、「忽聞海上有仙山，山在虛無飄緲間」、「在天願做比翼鳥，在地願為連理枝」、「天長地久有時盡，此恨綿綿無絕期」。熟不熟？很難嗎？常用嗎？其他如李白、杜甫、李商隱、王維、柳宗元、孟浩然、劉禹錫，真是不勝枚舉，中華文化博大精深，隨手拈來皆是珠玉寶藏。

我們看看蘇軾的詞；「莫聽穿林打葉聲，何妨吟嘯且徐行。竹杖芒鞋輕勝馬，誰怕！一蓑煙雨任平生。料峭春風吹酒醒，微冷，山頭斜照卻相迎。回首向來蕭瑟處，歸去，也無風雨也無晴。」看完之後，暢快嗎？愉悅嗎？「十年生死兩茫茫，不思量，自難忘。千里孤墳，無處話淒涼。縱使相逢應不識，塵滿面，鬢如霜。夜來幽夢忽還鄉，小軒窗，正梳妝。相顧無言，惟有淚千行。料得年年腸斷處，明月夜，短松崗。」傷感嗎？心動嗎？夫妻之情會不會令你潸然淚下？

四字成語是中華文化的精隨之一，全世界沒有哪一種語言有這麼多四字成語，無論是來自歷史，例如「完璧歸趙」、「得隴望蜀」、「焚書坑儒」、「引錐刺股」、「暗度陳倉」。還是來自生活，例如「八面玲瓏」、「千鈞一髮」、「三從四德」、「鳳毛麟角」、「畫蛇添足」、「罄竹難書」，都是累積數百年、乃至數千年的生活智慧，這些能用到得心應手，文章自然感人肺腑。歷代小說也都是文白併陳，引經據典，才能永垂不朽。

白話文沒有不好，一篇好的白話文也值得一讀再讀，例如朱自清的「背影」、「匆匆」，許地山的「落花生」、「春桃」，林語堂的「無所不談」、「我的話」，他如魯迅、老舍、冰心、沈從文、莫言、賈平凹、劉在復、余光中、白先勇，鍾肇政、葉石濤等太多太多了，但是，他們的作品有幾篇是「純白話呢」？我們看看倡導白話文最不遺餘力的胡適，他在後人所編的「胡適箴言」裡寫道「夢想作大事業，人或笑之，以為無益，其實不然。天下多少事業，皆起於一二人之夢想，今日大患，正是無夢想之人耳。」這哪裡是「純白話」呢？梁實秋的小品文尤為佳作，這裡選一段他談喝酒的文字：「假如一個人月下獨酌，罄茅台一瓶，頹然而臥，這個人的心裡不是平靜的，我們可以斷言，他或是憂時憤世，或是懷舊思鄉，或是情場失意，或是身世飄零。總之，必有難言之隱。」這裡頭的文白夾雜，益增其盎然生趣之處。

要是白話文讀到：「一群孤雁飛過矮矮的高牆」、「今夜的星空十分的希臘」，也不要覺得奇怪，只怕考題這樣出：「孤雁何來一群？高牆何以矮矮？」，眾生該要如何作答？「希臘的星空究竟有何不同？」恐怕只有余光中先生才能回答了。

最後，引用余光中先生所言：文言文非常重要「如果把它拋掉不用，我們就會變成沒有記憶的民族」。

二、教育部在最新課綱中強調培育學生的「素養」，卻不見對「素養」一詞有任何定義或解釋，也不見經常表達意見的「學者專家」出來闡述。我對「素養」一詞有以下的疑惑：

素養

自從教育部公布的課綱中包含「素養」一詞之後，一時之間學校開始談「素養」，補習班開始教「素養」，連參考書也匆匆把舊書改頭換面冠上「XX科素養」之名。

真的了解甚麼是「素養」嗎？還是只不過是一種騙術？坦白說，有幾個人有去查查字典看看「素養」的定義？學生不懂、家長不懂、老師吱吱嗚嗚、官員淨談些摸不著邊際、搆不著頭腦的話；教育部也懵懵懂懂，顧左右而言他。

我們先來看看商務印書館的「辭源」和三民書局的「大辭典」，對「素養」的解釋如何，結果竟然一模一樣：「平素的修養」，如此簡單而已。看來只要不解釋成素雞、素肉，其餘要怎麼解釋都可以。

我們想知道的是該怎麼「教」素養？不能只有一個空泛的名詞，一人一把號，各吹各的調。總該有個方向吧？若需要老師自己準備教材也行，世界上也有許多國家就是任課教師自行決定該教甚麼。這又牽扯到師資的良莠不齊，一根教鞭在手，他（她）就成了國王，如果淨教些不堪入目、骯髒齷齪的東西，還自以為先進、時髦，這怎麼讓家長放心？如何對得起「教育」這兩個字？偏偏我們教育界還真不缺這類貨色。

我們覺得「素養」應該是「心智」的育成，也就是隨著年齡的成長逐步開闊自己的「心智」，就如同人類的成長會隨著年齡而演化。五歲之前的孩子對於任何事物都認為是具有生命的，所以她（他）會對著洋娃娃說話，會對著玩具自言自語，慢慢長大才開始認知礦物、生物、和人類的區別。同樣的，小學、中學、和大學都應該有各自的認知範圍，雖然每個人的成熟快慢有別，心智程度有別，但是對人生的「階段生命」有其必知的邏輯，對周遭的環境有其不可或缺的了解，對他人的尊重有其必備的認知。

「素養」的範圍更是包羅萬象，基本上人生的各個層面都是培植「素養」的範疇。

我們以數學為例，「數學是智慧之母」這句話沒有人懷疑過。過於重視「計算能力」一直是我們教育上的一個盲點，數學只是「計算」的過程嗎？在高中以前的階段，強大的計算能力使得華人孩子們在全世界的各項比賽中總是名列前茅，可是到了大學以後，中國人卻很少能出類拔萃，而當年我們手下敗將的外國人紛紛成為領頭羊。此中原因很多，我們認為數學的「素養」是其關鍵。

基本上，無論是加、減、乘、除、根號、平方、函數等等，都可以用計算機輕易解決，在考試中，計算機是可以攜帶的，甚至考場裡備有計算機供學生使用。「計算能力」不應該成為數學的主軸。數學的理念在於「邏輯」的應用，從平面、立體、曲線、軸線、折線、矩陣圖、柱狀圖、樹狀圖等等各種圖形的「解讀能力」重於「製作能力」，這些圖形的「製作」根本不是問題，太多的軟體可以應用裕如，可是「解讀能力」卻是左右成敗的重心，正如同大數據的收集與分析不是難題，如何「解讀」才是關鍵。我們的數學教育應該具備何種「素養」，是數學家、經濟學家、統計學家、也是哲學家的問題。

其次談談「歷史」這一科。我們首先要決定歷史可不可以用「排斥」法來窄化目光？「排斥」是不是就可以解決問題？或者「視而不見」就可以忘記一切？任何文化「追本溯源」是不是就表示自己不存在？還是更能表示自己的「存在」？美國人拒絕學習英國史是不是就可以表示自己「橫空出世」？還是學習英國史就更能證明自己青出於藍而更勝於藍？歷史的過程就是「演化與融合」，如果「周口店」的原始人拒絕與其他族群融合，那麼他們至今仍然是原始人；如果「尼安德塔人」永遠獨立生活，則至今仍然與猿人無異。「演化與融合」的觀點來演繹歷史就可以脫離狹隘的唯我獨尊，也可以更有世界觀。我們都是演化而來，何須拘泥於戰爭、朝代、王國、民族的紛爭？「戰爭、瘟疫、飢荒」是歷史的必然，也是歷史的過程，現在都已遠去了嗎？沒有，「戰爭」還在進行，「瘟疫」才剛使我們驚魂甫定，「飢荒」正在侵蝕我們的經濟。「種族和宗教」問題仍有待於我們解決。「民粹思想」問題仍有待自我解放。歷史的「素養」不就是要從這方面開始嗎？「你和我」、「你們和我們」正是有待解決的問題，「鑑往知來」、「如何解決」不就是歷史的「素養」與「價值」嗎？

我們的教育中最缺乏的就是「藝術」，現在就以「藝術」為例，看看有沒有增進的空間。沒有人會否定「藝術」的價值，首先要檢討我們是不是最不重視「藝術」的民族？但是何謂「藝術素養」？哇！問題可大了，世界各民族都有其「藝術」，我們的教育有「藝術」課程嗎？我們的美學課程在哪裡？「藝術」是否為人生所必需？我們的孩子在甚麼階段必須具備哪些「藝術素養」？「藝術」包含哪些類別？自古以來各式各樣的流派，是否都是在非學不可的範圍之內？「學音樂的孩子不會變壞」是真的嗎？同樣的話可不可以套在「學藝術的孩子不會變壞」、「學雕刻的孩子不會變壞」呢？「藝術」就是高尚的代名詞嗎？我們都知道「英國皇家藝術學院」每年舉辦的各種樂器能力檢定，其檢定費用加總起來已經是全世界數一數二的隱形「大企業」嗎？「藝術」與銅臭無關嗎？這些基本的問題該如何解決呢？

「素養」的範圍異常廣泛，不是簡單的這個範圍或那個範圍，不是你認定的標準或者是我認定的標準。喊口號很簡單，實際上做起來卻繁複無比。「課綱」要具有人類歷史的宏觀，要有全球一體的認知，要有解決問題的觀點。「窄化自己」、「自以為是」等於自絕於世界。用「狹隘」的觀點最易於解決問題，卻是最容易戕害教育乃至國家前途的本質。可不慎乎？

三、教育部曾推動「限制六歲以下學童學習英文」，我們除了在歷次會議中仗義執言，我也寫了這篇〈閒聽秋墳鬼唱詩〉：

〈閒聽秋墳鬼唱詩〉

鬼，若幽怨、若狂傲、若殘厲、若陰淒，即使鬼話連篇、暗夜吹燈，亦恰如其分、不失其格，理應獲得尊重，接受祝饗。鬼而唱詩，則必居心叵測、圖謀不軌，其唱詩之時，必假借人形、妝飾外表，口唱仁義道德，心藏私利貪慾。所唱之詩，或曰補習班殘害幼童、或曰家長皆為愚婦。天下人皆醉，唯我獨醒。天下人皆無知，唯我是先知。

修法者，應修一切善法。修國家大法者，更應為善法中之善法。修教育之法，非但應以蒼生福祉為重，更應以百年樹人為念、以國家前途為禱。如今在廟堂之上修法，不見莊嚴肅穆、思純慮精，卻見鼠輩橫行、群魔亂舞。原本應在暗夜亂墳聽見之鬼哭神號，卻在廟堂之上，打著基金會、聯盟、家長會之假面具，盡其胡言亂語之能事。利益團體爭取自身利益乃天經地義、光明正大之舉，但是，自身向政府爭取標案，包攬課後照顧、經營幼兒園，不思公平競爭，卻不擇手段、假公濟私，企圖以禁止補習班招收六歲以下學童，來達到其獨占市場之野心。

我等舉例無數，中英文文獻、報告、數據，甚至美、日、韓等國先例，在在皆證明幼兒應及早培養語言學習能力，雖據理力爭、聲嘶力竭，無奈人微言輕，仍石沉大海、付諸東流。

我等在會議中，數度要求與會專家提出數據、報告、學說、理論，若幼小學童學習語言確會造成身心傷害，其禁止之理由充分，社會自有公評，無須下令禁止，補習班自有分寸。嗚呼，專家非但舉不出證據，還十分強硬：凡事自詡為專家，阻擋別人言論。何以論事？何以服人？

望子成龍、望女成鳳，人同此心、心同此理。社會階級之流動，全賴教育機會之均等，及家長苦心孤詣之培養，即使三級貧戶，亦能出將入相。如今禁止六歲以下兒童進入補習班，勢必斷絕一般家庭教育子女的機會，造成富裕家庭延聘家教，其他學童則求學無門，這不只是輸在起跑點上，簡直就是刻意造成階級對立，使貧者永無翻身之機會。

這種為己私利，剝奪大多數家庭的學習機會，其行不可恕，人心險惡，於今為甚。

嗚呼，人與鬼相異者幾希？餓鬼當道，教育沉淪，哀哉！

四、十幾年前，從來補習的學生中，我們也看到貧富兩極化的趨勢：

上品無寒門、下品無世族

印度種姓制度將生根台灣

國立交通大學的清寒獎學金無人領取，高雄中學的清寒獎學金也遇到同樣情況。是台灣已經全民皆富了嗎？那當然不是。事實上是弱勢家庭的孩子在教育上已經面臨了更悲慘的境界，他們根本進不了國立大學。他們進不了國立大學是因為連一般中段班高中也進不去。教育本是階級流動的最佳管道，是清寒學生奮鬥向上的光明大道，而台灣的教改造就了今天窮人們連唯一翻身的機會也消失了。印度種姓制度是印度發展的最大障礙，台灣再不解決階級流動的困境，不但將步入「上品無寒門、下品無世族」的死胡同。也將步印度種姓之後塵，貧富對立、社會對抗與混亂就隨之而來。

請看下面兩則新聞報導：「報告指出，一百學年度中低與低收入戶學生比例最低的前五校，為陽明大學、台大、交大、中央、清大；比例最高的則為慈惠醫專、高鳳數位學院、和春技術學院、育英醫專、國立台東專校。陽明大學中低收入戶學生僅占○・三四％，慈惠醫專則為八・六六％，兩者相差二十倍。」

「根據台灣大學的資料，台大學生有五十％以上是台北人。從二○○八年至二○一二年，每年至少有五成七的新生都來自建中、北一女、師大附中、中山女中、台中一中、成功高中、台中女中、雄中、武陵高中、雄女等十校。二○一○年這十校占台大新生比例甚至高達六八%。報告指出，台清交等國立大學新生多來自都會區公私立明星高中，且多屬社經地位較高家庭的學生。目前台灣的教育體制，是一種逆向的所得重分配，它高度補貼背景好、競爭力高的人，窮人要靠念書翻身的機率降低，這樣的教育政策結果會是拉大貧富差距。」

主管教育的袞袞諸公們從來不去思索這個問題，當然更不會去解決這個問題，因為他們是既得利益者，對城鄉差距、評量懸殊、挽救弱勢，永遠只是喊喊口號而已。他們每天注意的就是報紙與電視的所謂「輿論」，只要沒有與自己業務相關的事件或評論，就天下太平，「百年樹人」是古書上說的，不關他的事。

各地區升大學重考班幾乎都設有專攻醫科的「醫科班」，對成績好的孩子有非常大的優待與獎勵。二十年前，這種班級的學生有一半以上是清貧子弟，有水泥工的孩子、有火車司機的孩子、有老兵的孩子、有賣冰水的孩子，有人家裡真的是家徒四壁，有人家裡的四張椅子都不一樣，因為那是撿來的。可是孩子真的會念書，也努力念書，從他們身上，我看見家庭翻身的希望，我看見向上攀升的力量。這十年來，這樣的孩子逐年減少，現在可說是鳳毛麟角了。班上充斥的都是經濟充裕家庭的子女，因為有足夠的經濟能力把他們向上推動。教育制度的缺陷把社會變成向兩極移動的對立態勢，使人憂心忡忡。

三級貧戶之子可以當總統，雲林偏鄉的孩子可以在NASA當主管，嘉義農家的孩子成為成功大學的系主任，台南鹽水的小孩當上台大的院長，他們都是階級流動、社會凝聚的好例證。今天台灣社會的平穩發展就是這些現象的結果，未來呢？

看不見改善城鄉差距的教育政策在哪裡，看不見改善評量落後的教育政策在哪裡，看不見挽救弱勢學童的教育政策在哪裡，看不見激勵學生多元發展的教育政策在哪裡，看不見激勵教師翻轉教學的教育政策在哪裡，看不見長遠的教育政策在哪裡。

看見的是短視的、拼湊的、討好的、媚俗的、虛偽的、口號的、沒有主見的政策。如果台灣真的成了印度種姓制度的繁殖地，看見的將是動亂不安與亡國的慘狀。

五、當年「雙語政策」的草率上路，在今年九月爆發了嚴重的反彈，各種問題如雨後春筍。北市補教協會早在半年前就注意到這個問題的嚴重性，在下面這篇六月份刊出的文章中，我很務實地談到了各種窒礙難行的方方面面：

雙語政策

行政院在2019年公布了「雙語政策」，預定在2030年把台灣打造成一個雙語國家。贊成者稱許這是一個有抱負的計畫，反對者認為這是緣木求魚。

究竟會是哪一種結果？會不會又是「口號治國」？會不會又是浪費國家資源與人民的納稅錢？會不會又是發出許多外包，圖利少數利益團體？我們現在務實地來探討這個「理想國」會不會實現。

在行政院的計畫上，不只是教育上的雙語，還包含了大至公務、司法、公文書、及各項公職考試，小至公司行號招牌都要雙語化。其他英語電視、廣播、報紙就更不在話下。甚至各單位第一線的人員都具備雙語能力（雖然不知道一年有幾個人會跑去地政事務所說英語）。

九年國教已經實施55年了，我們的英語程度卻是王小二過年，2021年已經在111個國家中跌落到第52名。主要是因為我們的學生上了太多沒有意義的「民粹」課程，最基本的學科遭到大幅排擠，一切都朝向「自吹自擂」的方向邁進，卻還沾沾自喜，以為這是進步。學生的基本學科能力都沒學好，進步只是空談而已。沒有堅實的基本能力，所有的課程都不可能學好。

我們先從最基礎的國中課程談起，英文課已經從最早的每週五堂減為三堂，一方面高喊雙語政策，一面又大砍英語課程，這是不是精神錯亂？

假設這三堂課都是全英語教學，一個國中生每週也只不過有135分鐘的「實戰」經驗。可是，這還只是「聽課」的時間，學生沒有「說與寫」的機會。任何語言都必須靠「說」「寫」才能溝通，不是嗎？

再說說老師的部分，英文老師能否用全英語「講授」一堂完整的課，大家都心知肚明，不必多說。我們問一問學生「形容詞」和「連接詞」這兩個字的英文是甚麼？就知道老師在課堂上有多少時間是用「英語」來授課了，老師在用英語解釋句法的時候，不會不用到這兩個字。

在全英語的課程中，當然要使用英英字典，遇到「生字」的時候，老師要用另一組文字來解釋這個生字，那比用中文來解釋要複雜太多了。查一查「英英字典」就知道，一個單字的解釋必然會遇到另外一堆的生字，當你再進一步去查這些用來解釋生字的生字，就會再遇到更多的不認識的字。老天，還是查「英漢字典」吧，快多了。

我們來看看實際的例證就更清楚了：

beautiful這個字在國中一年級就學到了，字典上的解釋是：

possessing qualities that give great pleasure or satisfaction to see, hear, think about, etc. 這是一個簡單又淺顯的解釋，老師解釋beautiful這個字就必須用這些詞彙，這裡面至少又出現4個生字，我們選擇其中的qualities來看看：the standard of something as measured against other things of a similar kind; the degree of excellence of something.這個解釋會再衍生少有五個生字，讓我們繼續查下去吧！這樣的英文課還能上下去嗎？

這種情形之下，老師還有時間去分析、演繹課文的涵義嗎？又如何讓學生深入瞭解這篇課文的深意呢？

在行政院的規劃中還要求其他課程用英語授課，例如體育、健康教育、自然科學等都要使用英語，這顯然是超級任務。國中老師如何能擔此大任？還是先讓我們的政務官開始帶頭做個榜樣吧！要國際化，政務官能講英文這個要求總不算過分吧？我們來點名一下，當今這些部長院長們，有幾個能說出流暢的英文呢？如果不能「上行下效」，如何有效領導呢？希望以後選擇政務官，要先考英文能力，這樣才能「服眾」。

許多人喜歡以新加坡的雙語成就為榜樣，認為我們應當師法新加坡。這就是人云亦云的結果，說這些話的人說可能連新加坡都沒去過，更不要說考察過他們的英語教學了。新加坡有他獨特的歷史背景，那是一個沒有歷史淵源的的國家，也就是一個沒有歷史文化的地方，本來就是英國的殖民地，是李光耀刻意打造的王國。如果你聽說過「Singlish」這個字，就知道他們說的英語是多麼的獨特。他們的收音機和電視都是福建語、馬來語、英語、印度語混在一起說的，其中福建語為大宗。看看水果攤就知道了，賣鳳梨的攤子上寫著「王梨」，攤販喊著「落價、落價、大落價」（福建語）。不過他們的公文書上倒是英文版、中文版、馬來文、和印度文並陳，這是真的。

民族複雜是李光耀斷然採用英文為主體語言的最大原因，但是仍然沒有排斥其他語言。他也明白，企圖用英語取代各族群的母語是不可能的。

香港由英國統治了156年，香港雙語化了嗎？為什麼至今廣東話仍然是香港人的主要語言？為什麼不是英語？就是因為民族單純嘛，不像新加坡有那麼多種族！早些年在香港如果不懂廣東話，簡直寸步難行。

當然，引進外師是非常重要的步驟，我們有許多很成功的雙語學校可作為借鏡。但是，當大量引進外師，每一所國高中都要配屬若干外師的時候，問題就不是那麼簡單了。外師的資格如何認定？

語言不代表學問，外語好並不表示有學問，這一點我們一定要認識清楚。美國有3200萬的文盲，這些人的英語是很流利的，萬一來的是無業遊民要怎麼辦？待遇怎麼算？能比自己的老師們高嗎？希望千萬不要搞來一堆想要「體驗」的短期外師，這種喜歡到處「體驗」的西洋人可不在少數，他們經常會攜家帶眷，到處「體驗」，做一兩年就說拜拜了，大陸的許多「國際學校」就身受其苦。將來，「外師仲介」這門生意恐怕不會比「人力仲介」來得少。

德國、法國、義大利、俄國這些國家從來沒有推動過「雙語政策」，他們堅持保有自己驕傲的文化，以自己的文化傳承為榮。法國人就堅持法語是世界最美的語言，雖然很多人都會講英語，他們還是重視自己的語言，保存自己的文化。每一個國家的文化都有其主導性，是不可取代的。

希望我們的雙語政策，不要存有這種企圖以英語逐步取代中華文化傳統的心機暗藏在背後，這是辦不到的，不要打妄念。

英語還是值得推廣，因為用處多多，但是不能妄想要學校全部課程都使用英語教學，花再多的錢都辦不到。納稅人的錢都是辛苦錢，點點滴滴都是血汗賺來的，當政者要有良心，不能任意揮霍。

學習「英語」要走實用路線，有需要的時候就自然而然會去學習，沒有需要的時候，就只能當興趣，勉強不來的。去英美留學，就學英語；去日本留學，就學日語；去德國留學，就學德語；這是再自然也不過的事情了，千萬不能把「幻想」當成「理想」。

當百分之九十九的家庭不會說英語的時候，當整個台灣社會除了會取個英文名字之外，一句完整的英語也說不出來的時候，要一個每週僅學習135分鐘的國中生說英語，這就是緣木求魚。遑論「物理」、「化學」讓任課老師在課堂上用英語大談「牛頓定律」、「電子結構」。我根本不相信選派300個老師去過外留學一年，就能英語流利，這是「浪費公帑」。

「孟子」這部書裡說：「一齊人傅之，眾楚人咻之，雖日撻而求其齊也，不可得矣。」在兩千年前，我們的老祖先就明白這個道理了，我們還要硬幹蠻幹嗎？

六、性騷擾事件不只是社會事件，也是補教業所害怕發生的重大事件，在下面這篇九月份刊出的文章中，對補教老師的職責，有清楚的剖析：

MeToo

一位經理在辦公區和一位女職員討論事情，拍了一下她的肩膀，女職員在當時認為這是鼓勵，兩年後（或更久以後）認為是騷擾，於是MeToo事件又多了一樁。

英國鏡報曾談論MeToo專題，認為這種事隔多年才爆發的事件，要看的面向很多，例如「受害者」目前的財務狀況、升遷狀況、是否索求不遂、是否爭風吃醋，是否出於忌妒。最重要的還是：「加害者」當時的名氣是否夠大，「加害者」如果只是無名小卒，這種事情多半不會發生，因為即使「受害者」喊破了喉嚨，也登不上版面，上不了電視，根本不會受到任何矚目，當然更談不上「天價賠償」。如果「受害者」是名氣不大的小咖，「加害者」是名氣甚大的大咖（尤其是演藝人員或政治人物），那就會沒完沒了，「受害者」天天喊冤，就是不提告，這樣才會有連續劇，從小咖滾成大咖。如果一方不服，針鋒相對，不管結果如何，至少雙方都搏到知名度，管他臭名香名，能出名就好。

這種事不僅在政治界和演藝界，各種行業都有可能，各種年齡都有可能，無論事實真假，被同情的幾乎都是「受害者」，這種虛實難辨的往事，事隔多年，「加害者」常常百口莫辯，這是無法解決的社會輿論問題。

而性騷擾定義的範圍不僅是肢體動作，也包含了言語和文字。英國鏡報曾舉例：同樣一句「妳好漂亮」，說話時的眼神和臉部表情與動作也能顯示是否有性騷擾的成分。而藉機報復也不是沒有可能，整個MeToo事件就是一個錯綜複雜的綜合體，如果是事隔多年，物事皆非，那就更是一團迷霧。

更嚴重的是這種事情發生在「師生之間」。這就是我們今天的主題：補教界的戒慎恐懼。

因為，一家公司內部如果發生性騷擾事件，頂多是個人品德問題，但是如果發生在補習班，那就是「某某補習班會性騷擾」，這是我們這個行業的悲哀，同業之間的「見縫插針」、「誇張渲染」，絲毫不留情面。

「師者，所以傳道、授業、解惑也」，除了這三個要素，請務必叮嚀老師們啥都不要作，不要有多餘的關心、多餘的照顧、多餘的體貼。你的好意可能惹來無窮無盡的麻煩，不但「終生不得聘用」，還禍延子女，家庭破碎。師生之間的糾紛，對的永遠是學生，因為她還未成年，她是弱勢的一方，而且當她「寧為玉碎」的時候，或當家長「另有所圖」的時候，你會生不如死。千萬不要認為是自己是「萬人迷」，儘管可能你甚麼事都沒做，當她誤解你的意思的時候，也有可能咬死不放，你會「不死也脫層皮」。

而你的背後又是補習班，這個一般人認為「賺錢」的行業，順便「咬」一口補習班，可能更有賺頭。

補教業本來就是一個勞力密集的產業，又是一個「管理繳錢給你的顧客」的行業，而學校可以給他「學位」，我們甚麼都不能給學生，只能傳授知識，也就是「自備束脩以上，吾未嘗無誨焉」。但是學生又不見得都是自動自發「求道」而來，就產生了「管理」的鬆緊問題，老師既要發揮愛心也要展現關心，在分寸拿捏上，諸位同業都各有一把尺，令人佩服。但是「傳道、授業、解惑」這不變的原則，則是隨時要把握的信念。

老師們在面對無論是男生或女生時，私領域的事情千萬不要涉入，更不要以荒誕不經的「算命」、「看手相」、「談星座」來博取學生的好感。就有一位老師看準了女孩子對感情的好奇，上課大談他對「手相」的研究，以博取好評，下課以摸摸小手為樂。終於，某位小女生向導師抱怨：「老師每次給我看手相，都在偷看我的大腿。」好在當年沒有MeToo，那位老師在被警告後立刻收斂，如果在今天，恐怕連補習班一起遭殃。

還記得當年曾佔據電視與新聞版面達半年之久的「房思琪」事件嗎？新聞上各種不間斷的捕風捉影、繪聲繪影，從記者的筆下和名嘴的口裡，講得活靈活現，使人誤以為他們當時都是「親臨現場」，男老師一面倒的被判定是十惡不赦，不只禍延家人，所有的隱私都被一覽無遺，還加油添醋，誇大渲染。

這個事件，出於老師過度的關心與雙方的曖昧，再加上老師沉迷於自己的「魅力」，學生想抓住一個「偶像」，一時的把持不住，就此葬送一位名師的職業生涯。雖然事後證明無罪，但是傷害已經造成，名譽已經無法挽回。

這是一個活生生的教訓，老師只要「傳道、授業、解惑」就好，而且必須嚴守這個規範。「傳道」就是傳授人生的道理，無論是「見賢思齊焉，見不賢而內自省」、「人而無信，不知其可也」、還是「己所不欲，勿施於人」，都是人生的大道，「經師與人師」兼備也是補教老師切記在心的「吾道一以貫之」。

「授業」（原文為「受業」）其實就是講授課業，為了讓課程輕鬆，使學生回復專注力，在課堂上，每隔若干時間穿插一些日常瑣事，新鮮故事，有趣的笑話，本來無可厚非。但是千萬不要涉及情色，不要以大人的幽默講給孩子聽，一旦學生不知輕重，回家模仿給父母聽，事情就大條了。

有位國文老師每次講到「停車坐愛楓林晚，霜葉紅於二月花」的時候，就會語帶曖昧，似笑非笑，誇大形容，充滿暗示，雖然引起哄堂大笑。卻也在事後讓班主任接到不少女學生及家長的抱怨電話。就連「橫看成嶺側成峰，遠近高底各不同」他都能扯到那方面去，真是無言以對。

「解惑」的時候，不要解「感情」或「家庭」之惑，學校有專門的輔導老師可以幫助學生解決這些問題，不關你的事。一旦學生提出這種問題，要立刻告訴導師，不要自己介入。解惑的地點只能在教室或辦公區，千萬避免離開眾人的視線，更不能以拍肩膀、摸頭髮來表示關心。最重要的是不可留任何個人通訊資料給學生，情竇初開的小女生多半仰慕老師，又很會撒嬌、挑逗、訴苦、和試探，不要以為這樣很好玩，前面提到的那位「補教名師」就是因為留下私人聯繫管道而種下禍根。

補習班內部的事，就在補習班內解決，不要帶回家，每晚下課後都「揮揮衣袖，不帶走一片雲彩」。當時的「雲彩」，可能成為將來揮之不去的「烏雲」。

「教育」本來是需要熱情與愛心的展示，可是現在不得不「上課熱情」，「下課冷漠」，誰都不想「現在惹麻煩」，更不想「將來惹禍端」。「種甚麼因，就會結甚麼果」，若不想天天擔心「事情會爆發」，就得謹守分寸，中規中矩。

時代在變，人心也在變，補教業的整個格局都必須跟著變。但是，有一條原則不能變，那就是「既為經師，亦為人師」，學生會長長久久懷念你。

第八章 南陽街30年 我要辦一場「結束營業餐會」

我要在最後一天辦一場「結束營業餐會」，告別南陽街。

當重考學生愈來愈少，大學增加的速度愈來愈快時，我開始認眞思索甚麼時候是最佳的「善終」時機。補習班是個非常容易賠掉信譽、金錢、和人際關係的事業，而且無數個前例都在我眼前發生，我不能走上同一條路。

補習班最大的致命傷就是「誤判未來」，盲目的期待「明天會更好」，結果就是愈陷愈深。最後導致員工領不到工資，老師領不到薪水，廠商拿不到費用，欠房租欠水電，最後還要補教協會出來協調同業幫忙接收學生。結果就是信譽掃地、金錢破產、無法在這個行業生存。

補習班發生危機的徵兆就是「寅吃卯糧」，由於暑期招生非常花錢，很多同業到了十月份就花光了上學期收進來的所有的錢，重考班都是十一月就開始收下學期的學費，結果才到了春節，整年的學費就花光了。

有一家同業曾經風風火火，盛極一時，老師們趨之若鶩，以任教該補習班爲榮，自動幫忙四處宣揚。教室設備極爲奢華，老師休息室的冰箱裝滿了牛奶、蘋果、冰毛巾，下課時，班主任豪氣地打開冰箱請老師們享用。還宣揚他的業外收入才是眞正的財源，補習班只是他的小生意，弄得一堆老師羨慕不已。還有人勸我拿出魄力，跟人家學學，好在我謹愼理財，才沒有傻傻跟進。

有幾位名師因此掉入他的陷阱，他們不但自動要求加入股東，還鼓其三寸不爛之舌幫忙拉其他老師們入股合夥。一時之間蔚爲風潮，結果不出兩年，原形畢露，老師們不但血本無歸，還賠上辛苦教書的薪水。其中一位幫忙鼓吹得最賣力又拉了最多股東的老師最後只好遠走他鄉，無顏在補教界爲人師表。

當年有些招生人員由於市場廣大，看起來形勢大好，就自己辦起補習班來。拉了一些老師合夥，自任班主任，風生水起，不可一世。第一年剛招完學生，就發紅利給股東。股東也笑呵呵地到處宣揚，得意非凡。可是，下學期剛開始，錢就不夠用了，又請股東掏錢。這種打腫臉充胖子的事情，各地都曾發生，三年不到就灰飛煙滅。

不只是重考班如此，其他各種留學、美語、國中補習班都有類似的事件發生。補習班不是那麼容易經營，不要以爲只要開班，就有錢可賺。這裡頭的大大小小，瑣瑣碎碎的事情，可是樣樣都跟「錢」脫離不了關係。

這些教訓看在眼裡，我怎能不戒愼恐懼，引以爲戒？

回首這三十年來，與員工同樂是最難忘的回憶。每年組團出國旅遊是重頭戲，足跡踏遍美歐亞洲二十餘國。除了一般的觀光之旅，也帶了幾位喜好冒險的同仁兩度勇闖西藏，一次從成都開越野車走三一八國道，當年沿途尚未開發，食宿路況條件極差，花了九天才到拉薩。那時青藏鐵路才剛開通，我們又坐臥舖歷經三十個小時才到西寧。第二次從尼泊爾穿越喜馬拉雅山，上到珠峰，高山症發作，病倒了五個人，嚇壞了我。還有人傳簡訊給家人：「我恐怕會葬身在珠峰的山腳下。」

只是我們出國旅遊只能選元旦歐美天寒地凍的時刻，因爲暑假最忙，過年時節又家家團聚，年後又要準備招生。我們曾經在加拿大的艾德蒙頓、德國慕尼黑、和莫斯科三度遇到零下三十度的低溫，但是事後回想起來還是難以忘懷。

有一句名言是我永遠記在心裡的：「財聚則人散，財散則人聚」，補習班是勞力密集的產業，人員的動力是最大的資產。

每年考得好，只能高興兩天，考得不好，也只能難過兩天，還是要拚了命招生。沒有學生，一切都是空。那種日子，有的時候就會想哪一天能全身而退，一定要寫一本「南陽街血淚史」。很高興，終於在不虧欠任何人的情況下，開始寫這本回憶錄。其實也不是全是「血淚」，也有不少歡樂的回憶，就改爲「南陽街30年」吧！

市場在萎縮，這是必須面對的事實，補習班開始一家一家的關門也是事實，但心裡總是希望不要輪到我這麼早結束。這是很矛盾的心情，一方面身心俱疲，一方面又不甘心比別人早倒下，總是想看看誰的氣長。

面對大學無限制的在增加，學生斷崖式的減少。每天早晨都充滿希望的去上班，晚上又失望的上床，這樣一日復一日的過去，班級一日復一日的減少，直到南陽街上只剩下泡沫紅茶和小吃店。

該是時候了，我找來會計主任，把總帳仔細研究了幾天，如果換個有五間教室地方，不要弄這麼大的規模，應該還可以再撐幾年。可是，盤點整個台北的市場，也不過剩下兩千多人，這在當年只不過是一個中型補習班的人數，更何況還在減少當中，還有四家重考班分食。

更重要的是我這些員工要怎麼辦？我退休就算了，可是他們都還算年輕，從事這個行業的最大缺點就是補習班年資無法與其他行業銜接，除非還是這個老本行。對，這就對了。他們有沒有興趣繼續從事這個行業？員工裡面是有幾個有獨當一面的能力，但是還沒有到達可以承接我的事業的程度。在我還沒有做最後決斷之前，又不能貿然宣布，這會使他們陷入迷茫與恐慌，等我想透徹了再說。

我要會計主任把所有人的年資計算一下，我預估公積金應該綽綽有餘，但是還需要核實。因爲計算標準要以年度結束再加一個月，可能有一些收尾的工作要完成，一切依照勞基法的要求辦事。我們員工的薪水是講好多少就每個月實發多少，加班另計，沒有一大堆名目。年終獎金也是以實發薪水爲標準。

再來是廠商所有的往來要以現金支付，不要留個尾巴。至於老師的薪水、水電、房租都是好解決的事。另外也要提前半年通知房東，讓他有所準備。

等到所有的財務預估都完成，我把股東及會計主任請來告知我的決定。這三十年的班主任生涯就到來年的六月三十日，也就是次年聯考的前一天結束。

我在十月份的例行班務會議上告訴所有的主任級員工這項決定，並詢問他們是否有意去開辦地區性補習班。我可以免費提供現有的任何物品，包含印刷器材、日光燈、學生桌椅、辦公桌椅、紙張、沙發、電腦、板擦、各種軟體、列表機等等，有興趣的可以跟我談一談。

有三位主任表示想要獨當一面，並詢問我一些補習班設立及立案條件的問題，還有就是地區性補習班與我們的區別，我也介紹與我熟識的同業給他們一些建議。

這三位主任立即從現有員工中找尋志同道合的夥伴，很快也就形成他們自己的團隊，並向我報告他們每個人的分工項目。這果然是我多年訓練出來的員工，有條有理的循序漸進。由於這三位原本都是各招生單位的負責人，現在我這邊已經無須招生，就讓他們和他們的團隊去處理新創立的事業。

他們首先想好自己喜歡的區域，彼此不相衝突，就展開找尋適合的班址，衡量附近國中的遠近距離。這對區域性補習班是非常重要的原則，不能太理想化，要面對實際。

補習班立案是個麻煩的問題，首先要找建築師看是否能變更使用用途，房屋必須先變更爲補習班使用，再來是消防、建管的申請，教室桌椅的擺設，一關一關都是要符合規定，最後才能申請立案。

除了電腦室的幾位同仁具備電腦各種獨立作業的能力，容易轉業之外，其他還有兩位同仁，我也把他們先轉給同業，他們的資遣費就等我這邊發放的時候同時來領取，也就是這幾個月他們可以領雙薪。

這樣所有的員工都有了新的工作環境，我也放心了。

我跟房東聯絡希望見個面，他們依約前來。我告知要停辦的決定，不是要求減房租，但是希望能有一個月的善後期間，他們也爽快的答應了。但是，最後我還是在樓上租了一個辦事處，處理資遣、註銷立案與稅務的相關問題。

由於是我自己決定停辦，所有員工的薪水都結算到六月三十日，雖然他們很多人都已經去忙自己的新事業了，我也不以爲意。仍然依照最後一天的年資發給遣散費，資深員工都有多加幾個月的基數，反正公積金是足夠的。

在我六十五歲那年，結束了這個事業。早在四月份，我就決定在六月三十號那天晚上辦一場「結束營業」餐會。

當天席開十桌，邀請了曾經任教的所有老師們、台北市補習教育事業協會的同仁、重考班的同業老闆、其他同業的老闆、往來廠商、以及全體員工，大家共同見證一個事業的結束。我在餐會前感謝了所有同仁與老師們的付出，並且向所有來賓介紹未來的三位即將獨立作業的班主任，預祝他們事業成功。

同仁們雖然依依不捨，但是每個人都已經有了新的未來，眼神裡滿是對新事業的憧憬。

餐會結束，我在門口與大家道別，結束了。

一向糾纏我的頭痛，再也不會出現。

附錄：老來思母

民國四十三年，那年我五歲，好冷的冬天，一大早在被窩裡，被母親的哭喊與叫罵聲驚醒。

我起來站在床前，不知所措。媽媽趴在屋裡唯一的桌子上，哭泣抽搐。老奶奶坐在對面的椅子上，無神的看著媽媽。

徐爺爺、徐奶奶和其他幾個鄰居擠在門邊，似乎也僵在那裡，都呆呆的站著，他們好像不知道究竟發生了甚麼事，也不知道該如何勸慰媽媽。

他們都站在門邊是因爲我家沒有門，只有一塊當作門簾的布，任何人隨時都可以進來，當時我看見還有人頭在「門外」晃動。其實，這棟大樓裡的每一家都沒有門。因爲，竹篾蓆的隔間怎麼能承受一扇門的重量？

徐奶奶走過去，輕拍媽媽的肩頭。

媽又猛然站起來，衝向牆邊，一手扶著牆，一手捶著牆壁，對著上頭爸爸的遺像哭喊著：「你可好，你死了，你就一了百了了，留下我們老的老、小的小，這日子要怎麼過下去？我們要去哪裡過下去？沒有地、沒有房，在台灣啥都沒有，現在連錢都沒有了，以後的日子還長得很，最小的才一歲半，房無一間，地無一隴，你要我們怎麼活？」

這時，她突然轉爲憤怒，退後一步，狠狠的瞪著爸爸的遺像：「你這個老鬼，你死了就算了，幹嘛還要回來嚇孩子？回來嚇孩子做甚麼？你還笑得出來？你要是再敢回來嚇孩子，我就把你的照片燒了，扔到垃圾堆裡。你看我做得出來做不出來！」

媽媽轉過身去對徐奶奶說：「女兒早晨去上學，正在整理書包，突然跑來說：『爸爸在牆上對我笑，我好怕！』」

這個時候弟弟醒了，大聲哭哭，媽媽衝過去把他抱起來。

奶奶把鄰居們各自請回，說：「謝謝你們了，讓她靜一靜就好！」

媽媽坐在床頭，抱起弟弟，把奶頭塞進弟弟的嘴裡。我看見她兩眼無神、呆滯地看著我。衣服胸前溼了一大片，臉上滿是淚痕。看著、看著，她又哭了。

弟弟再度睡去，媽媽過來摸摸我的頭，問我：「你要不要再睡一下？」

從此以後，媽媽沒有再哭過任何一次，只有大笑。每次喝完酒她都會大笑不止，躺在床上笑，坐起來笑，再躺回去笑，不只是笑，是用盡力氣的笑，是帶著哭腔的笑，帶著悲涼的笑。一直笑到累了，才沉沉睡去。姊姊去整理杯盤，我幫媽媽蓋上棉被，屋子裡一片死寂。

媽媽的酒量很好，嚴格的說，我們一家人的酒量都很好。她應該不至於喝那些酒就醉成那樣。但是縱聲大笑好像是她唯一可以發洩出來的方法。

隨著我們慢慢長大，媽媽逐漸減少這種酒後的大笑。直到我念了大學，媽媽才眞正開懷的笑過，每回我和姊姊陪她喝過酒以後就去睡了，不再大笑了，每次都睡得很香甜。似乎是放心了甚麼事，也似乎沒有甚麼可以讓她把鬱悶繼續累積在心裡。

爸爸是軍人，官階只有上尉，他走後，家裡頓失所依。留下來的是奶奶、媽媽和四個孩子。我們住的是一百多戶軍眷在高雄中正四路集體占用的第一銀行的大樓，我家住在四樓。整棟樓除了有窗戶之外，基本上就是個毛坯屋，沒有隔間，沒有廁所，樓梯連個扶手都沒有。每一家都是用竹篾蓆加上木條隔出來的，而且只有兩米高。家家戶戶都沒有門，一塊布當成門簾，勉強分個內外，大樓裡隨時都有傳言：「第一銀行下個月要收回這棟房子！」

所以：我們連個家都沒有。

媽媽不識字，她認識自己的名字，但是不會寫。

奶奶梳著包頭，裹著小腳，也沒念過書。爸爸走的時候，大姊十六歲，二姊八歲，我五歲，弟弟十八個月。我們在台灣沒有一個親戚，眞的是呼天天不應，叫地地不靈。

媽媽就這樣扛下一個家，沒有親人，沒有故舊，在這塊陌生的地方，走向未知的一切。

我的大姊是大娘所生，抗戰時期，爸爸在河南家鄉早就娶了大娘。他一直都是軍人，總是隨著軍隊在外地征戰。一九四五年之後，局勢不穩，爸爸回家要帶大娘隨軍隊南下，大娘不想跟著軍人吃苦，拒絕了。爸就帶著大姊出來，半路上遇到我娘，又娶了我娘。

長大後，有一天我調皮地問娘：「妳答應嫁給爸爸的時候沒有看到大姊在旁邊嗎？」

她似乎知道我接下去想問甚麼問題，把臉轉過來逼近我：「有！」

「那妳爲什麼還要嫁給他？」

她毫不猶豫的回答：「因爲有飯吃，而且你爸還答應帶我娘一起出來。你不知道沒飯吃的痛苦。」

原來我的「奶奶」事實上是我「外婆」，原因是軍隊當時只能攜帶直系眷屬，旁系不行。所以報戶口時「外婆」的名字上有冠上我家的姓氏。而我們一直都喊她「奶奶」。

爸死後，軍方有給一筆撫恤金，依照當年台灣的情況，撫恤金也是「聊以堪慰」，以及每人每個月三十元的生活費，另外有供應煤、米、鹽等「實物」配給。

在爸爸死之前，大姊已經到北部一個叫「崁子腳」（今天的內壢）的紡紗廠當女工，所得足夠她個人所需。不久後她就結婚了。如今已經接近九十歲，每天還固定游泳和打麻將，兒孫滿堂，幸福美滿。

爸爸是在高雄港服勤的時候腦溢血，被送到醫院時已經不省人事。我們趕到醫院就已經太晚了。

媽媽由軍方同袍介紹到「被服廠」工作，負責縫製軍服上的扣子，我和弟弟就由奶奶負責照顧。基本上我們的衣服都是鄰居其他孩子們用過的舊衣服，而在當時這也是普遍現象，孩子們都長得快，衣服很快就穿不下了，沒必要買新的，也買不起新衣服。

可是有一天，還不太會講話的弟弟指著他的舊衣服說：「我都穿這個！」媽媽心疼，就在「被服廠」接下加班的工作。就是爲了過年能給弟弟買件新衣服。

媽媽原來是每天中午回家餵弟弟吃奶，再去上班，其他時間由奶奶餵他喝米湯。結果弟弟吃母奶吃到三歲多還斷不了奶，這樣媽媽中午就不能加班。爲了讓我們過好一點的日子，媽媽狠下心來，在奶頭上抹上「黃蓮」，弟弟「苦」不堪言，從此斷了奶，改吃稀飯與其他食品。

媽媽說這是大陸上最常用的斷奶招數。

我們就靠著軍方給的這些撫恤及媽媽的薪水撐過漫漫歲月，我讀小學一年級的時候，蔣夫人創辦的華興育幼院寄來了一份通知，告知我們家三個孩子都符合國軍遺族子弟的資格，媽媽可以把我們送去那裡免費受教育和吃住。也有鄰居勸媽媽把我們送去，她可以再嫁，下半生也有個依靠，否則這要磨到何年何月才有指望？結果媽媽把華興育幼院的入學通知單給撕了，她說：「死也要死在一起！」

小學二年級的時候，我們分配到在台南的眷村宿舍，眷村距離台南市很遠，四周都是軍營。不久後我們告別了在高雄的第一批「鄰居」，其中絕大部分從此以後都沒有再見過。

還沒有搬去台南之前，我對於新家有了期待、憧憬與興奮，我們將擁有自己的空間，有牆壁與隔鄰分開，不再是半高的竹篾蓆，不再與隔壁雞犬相聞、謦欬相通。有自己的屋頂，有門、有窗，有前院與後院，有廚房、有浴室。多麼溫暖又獨立！

眷村的房子約有十坪大，分成一大間、一小間，後面有個小廚房，廚房後面再加一個更小的浴室。媽媽和姐姐睡小房間，我和弟弟睡「客廳」，「客廳」另外有一個餐桌，和幾把椅子。奶奶則睡在廚房，廚具擺在屋後搭的鐵皮下方，有前後院。初搬去時，沒有竹籬笆，更沒有圍牆，廁所是在一百公尺外的公共廁所，對我們來說，雖然是公廁，已經是很豪華的設備了。

最初幾年沒有自來水，後面院子外有一個共用的水龍頭，不遠處有兩座巨型的水塔，流出來的是地下水。每家都得自備一個大水缸儲水，因爲地下水不能喝，每天晚上用要明礬塊在水缸內緣磨幾圈，再裝滿水，第二天的吃喝都只能使用上面的水，因爲下面都是沉澱物。

沒有想到這給水缸卻給我們帶了災難。

搬到台南以後，奶奶瘦小的身軀已經很虛弱了，她常常必須坐在小板凳上一步一步往前挪。有的時候走路可以用拐杖，但是東倒西歪，危危顫顫。

有一天早晨我起床後就很習慣的要走去後院漱洗，媽媽卻坐在門口擋住我，要我用暖水瓶的水漱口就去上學，我還沒來得及問爲什麼，媽指著後院跟我說：「奶奶死了！」我在昏暗中看到奶奶坐在小板凳上，頭淹在水缸裡。那又瘦又小的雙手緊抱著水缸。

媽接著說：「隔壁張媽媽去跟村長說了，現在等警察來。你去上學！」

不久前才送走了自己的丈夫，現在又送走了自己的親娘，媽這回沒哭，堅強地、靜靜地辦了所有的後事，然後把奶奶的房間清理完畢。碗櫥、切菜桌搬進去，爐子還留在鐵皮下面，因爲爐子是燒焦煤的，在小屋子裡煮飯炒菜會嗆死人。

奶奶永遠梳著包頭，頭髮全白了，常常洗頭，乾了以後再細心的抹上髮油，然後慢慢的梳理，再捲成包包頭。奶奶乾癟的身軀只裹著一層薄薄皺皺的皮，幾乎沒有任何脂肪和肌肉，我喜歡撫摸她的枯黃的手，因爲跟我的小胖手形成強烈的對比。一雙手是飽經風霜、粗糙不堪，另一雙手卻是血色紅潤、欣欣向榮，那是我第一次感受到「枯」與「榮」的對比。但是我總覺得那雙手幫助媽媽撐住這個家的半邊天，給我安全與呵護。

雖然彎腰駝背，她總是穿得乾乾淨淨，很注意形象。如今偶爾見到這樣的老人，我都忍不住多看兩眼，這時就會想起奶奶，有無限的回憶。她說駝背是因爲小時候下田種地每天彎著腰造成的習慣。

她每晚都要把長長的裹腳布解下來，再拿一盆水，把小腳在熱水裡泡一泡，顯露出很舒服的表情，然後換上乾淨的裹腳布，慢慢的、仔細的、一層一層的捲上去。

奶奶的小腳我很想看，因爲眞是「小」；但又不忍看，那雙小腳可說是慘不忍睹，完全變了形，腳趾都縮在腳掌下，她常說腳已經很久沒有知覺了，晚上泡熱水的時候才能讓小腿以下舒服些。我問她腳會痛嗎？她說小時候會痛得大哭，早就已經習慣了。

我很喜歡窩在奶奶的床上，她的蚊帳從來都不收，她總是把一切都弄得乾乾淨淨，我覺得在蚊帳裡那個小小的空間中有一種溫暖的感覺，奶奶的枕頭有淡淡的髮油味，我會趴在枕頭上輕輕的吸聞。

但是她會把我趕出來，說她有肺病，叫我不要太接近她。可是姊姊、我和弟弟都是她帶大的，怎麼都沒有被傳染？

我穿的鞋都是奶奶親手給我做的「布鞋」：先把白布裁好做鞋底。再用麵粉煮的糨糊一層一層貼上去，直到大約半公分的厚度，曬乾了以後，奶奶再用巨大的縫衣針和麻線，手上戴著「頂針」，用力把針「頂」過去，再「頂」回來，如此密密的縫住鞋底。然後用黑布縫一個「鞋幫」，如此完成一雙鞋。爸爸走了以後，奶奶特地給我做了一雙白布的布鞋，她說這是「孝鞋」。（註：「頂針」是套在手指上類似戒指的鋼製品，上面有許多個小凹痕，用來頂住針尾，穿過厚厚的鞋底或棉被。）

奶奶環抱著水缸的那一雙瘦弱的雙手，在我腦海裡是永遠不解的謎，任何一個人在嗆到水的那一刻，本能上一定會抬起頭來，可是她仍然堅毅的抱著水缸，「死」也不放開，究竟是甚麼力量讓她如此堅決？究竟是甚麼原因讓她如此堅定地要離開人世？一個人要下多麼大的決心才能「死」抱住水缸不放？每回想到這一幕，我都搖搖頭，永遠想不透、參不破。

我們的眷補費後來增加到了每人九十元，其他「實物」分成大口、中口、小口不同的份量發放。從小學到大學的教育補助費則足以讓我們盡各人所能地念書。「實物」是用牛車拉來的米、花生油、和焦煤，憑眷補証領取。

媽媽有潔癖，屋裡必須一塵不染，那個時代還沒有洗衣機，都靠她雙手在大盆裡搓衣服，衣服洗完，她還要拿起來對著亮光看看有沒有洗乾淨，她常說：「衣服新舊不重要，乾淨最重要。」因此我們永遠有比別人乾淨潔白的衣服可穿。她都很用力搓衣服，所以搓衣板經常要換新的。

許多人家裡的抹布都是髒髒的，抹布也實在是不容易弄乾淨，而且很多人認爲抹

布本來就應該是那副樣子。殊不知當年物資欠缺，抹布也是很珍貴的物資，多半是我們穿舊穿破的衣服剪一剪。媽媽卻總是把我們家的抹布打上肥皂，放在盆子煮一煮，這樣子就能一直保持清潔。鍋碗瓢盆都刷得亮晶晶，光可鑑人。

每到星期天，媽媽就帶領我們把僅有的幾把椅子、一張桌子、廚房用的櫥櫃和切菜板等都搬到院子，然後在屋裡地上沖水、用肥皂粉洗刷，再去把家具擦乾淨，等地上乾了，又一樣一樣搬回屋裡。所以每到星期天我都好期待下雨，可以不用做這些雜事。

媽媽總是會在有限的財務上變化各種菜色，那時我們都在成長期，營養很重要，她總是希望我們多吃一些。她也很重視我們的學業，每天都會坐在飯桌旁邊一邊整理衣服一邊看我們寫功課。雖然她不識字，卻會看數字，考卷上的分數是她唯一的標準。

她的觀念也決定了我的一生。她認為像我們這樣上無片瓦下無寸土的出身，只有讀書才能出頭，而她所謂的「出頭」也不過就是有個正當的職業就夠了。

我在高雄念了一年半的國小，學校很近，每天自己走路去。那是建國國小，我是第一屆的小一學生，學校的前身是高雄女子師範學校。由於學生太多，教室不夠用，就輪流使用教室，所以有時候我們就使用學校的穿堂或者在樹陰下上課。老師常會掛一個圖表，上面有各種身體的器官。有一次畫了一隻「腳」，老師問一位同學：「這是甚麼？」他回答：「咖！」我趕緊說是：「ㄐㄩㄛˇ」，這是河南土話，是我的「母語」，也是媽媽講了一輩子的「河南口音」。老師聽懂了「咖！」是台語的「腳」，卻不懂我說甚麼，然後就帶著全班念國音「腳」。

台南的眷村完工後，由於多麼渴望擁有自己的家，我們家是第一戶搬進去的。到現在我還很佩服媽媽，在那個遠離市區的荒村子，幾乎沒有人住，晚上只有幾盞昏黃的路燈，燈上罩著一個圓形鐵片，照亮有限的範圍，四周一片漆黑，每每覺得遠處有人影晃動。在兩公里內沒有人煙的環境下，帶著我們住在那樣令人發毛的地方。過了兩年那個村子還有過半的屋子是空的。因爲距離市區實在太遠了，大家都寧願等待分配到其他眷村。

小東路上的市區二號公車要三十分鐘才有一班，而且不到村子口，只到一公里外的砲兵學校。媽媽事先有打聽我的學校問題，一個是在三十分鐘外的鄉下小學叫大灣國小，一個更遠，在台南市區的眷村附近，媽媽還是幫我選了後者，後來整個村莊只有我一個人念開元國小。

每天早晨我要走路到一個叫湯山新村的地方，約要二十分鐘的路程，我都自己揹著書包、提著便當，到湯山新村的村子口去搭車。那裡早晨有一輛軍用卡車載著各種年紀的孩子去台南市上學。軍車會在小東路上成功大學的邊門讓我下車，我再獨自走二十分鐘到學校去。這樣就會經常遲到，校門口的糾察隊會命令我罰站，直到朝會結束，我才能進教室，心中的委屈也無人可訴。

每天早上都要等湯山新村所有的學生都上車了，我才能上車坐在門邊，下軍車時常會聽到背後有人喊：「別的村子的人以後不要坐我們的車！」

我跟媽媽說了幾次這件事，她就給我公車錢，自己坐到成大，再走到學校。

只要天氣好，我常從學校後門走到開元寺，在大殿前的地板上寫功課，也有些前來參拜的人會過來看看我在做甚麼。我總覺得來寺裡的人似乎都不怎麼快樂，後來才知道寺後面有座靈骨塔。

大殿前的涼風陣陣吹來，很是愜意。長大後讀到文天祥的「風簷展書讀」，今天回想起來頗有這種感覺。

如果大殿有人辦法會，我就到「七弦竹」旁的亭子去。亭子中間有一石桌，但是沒有石凳，我都是站著寫作業。不遠處就是靈骨塔，對那個時候的我來說，死亡還是很遙遠的事，既沒有感覺，也沒有懼怕。只是沒有想到，幾十年後，我岳父的骨灰就放在那裡。

做完功課再慢慢走回家。穿過田埂，走過泥路，經過「打靶山」，那是附近營區打靶使用的一個人工大土堆，聽說那裡也是槍斃人的地方。路上大約要走一個小時，一到家媽媽便要我趕快寫功課，我就拿作業給她看，她也看不懂。但是我也沒欺負她看不懂，總是老老實實地做好功課。

晚上吃過飯後，全家人的娛樂就是聽中廣公司崔小萍的小說選播，印象最深的是《紅樓夢》。聽完廣播後，媽媽就催我們上床睡覺，因爲第二天都要起得很早。我不知道媽媽幾點起床，但是我們的早餐總是早早就擺在桌子上了。

後來村子旁邊設立了一間復興國小，專供眷村的孩子就讀。校舍只有一排，中間是辦公室，兩邊各三間教室，每個年級一個班。

媽媽說：「你就回來這裡讀吧，每天走這樣遠也不是辦法！」於是我在四年級就轉回復興國小。每天走五分鐘就行了。

在這段時期，我開始對課外讀物產生興趣。媽媽知道家中經濟有限，無法買很多書給我，她很智慧的找了幾個鄰居一起買書，然後各家小孩就可以輪流閱讀這些書本，等到大家都讀完了，她就帶著幾個念初中的孩子去舊書店賣掉，再換一些書回來，而書的內容則由這些大孩子們決定。因爲她不識字。

我念了很多「成語故事」、「格林童話」、「安徒生童話」、「一千零一夜」和「羅賓漢」等等，可惜當時「自然」與「科學」一類的書很少。

五年級上學期念完，媽媽突然對我說：「這個學校沒有競爭力，你念得再好也是考不上初中。我幫你辦好了轉學，下學期去念台南市區的永福國小。戶口是拜託徐媽媽的朋友，寄放在另一個朋友的家裡，你要珍惜機會，一定要考上市區的初中。不然你這一輩子就沒出息了。」

於是我每天又要走一個大斜坡上去到砲兵學校門口搭二號公車，每三十分鐘一班，一定要很準時，否則搭下一班就會上學遲到。好在學校就在永福路上，距離公車站很近。

長大後回想媽媽當時的決定，心裡的敬佩油然而生，一個完全不識字的鄉下人，竟然懂得「競爭力」，而且懂得都市的教育資源比鄉下豐富，都市裡的菁英比較多。而她也知道，要競爭才有進步。

她要我從開元國小轉回復興國小，是因爲捨不得我每天上下學的辛苦，因爲我太小了，才小學二三年級。

要我從復興國小轉到永福國小，是因爲我要面臨小學考初中的難關。她知道這一關如果不能進到一所好的初中，將來進大學的可能性就很低了。

我考大學那年的錄取率是百分之十一，當時參加大學聯考的人不多。小學畢業時就已經有不少學生頂著小學學歷就進入職場，初中畢業又有一批學生進入社會各階層，而高職與高中的比例則是六比四，想考大學的多半都是高中生，高職生極少參加大專聯考。

我是小五下學期進了永福，全班只有我一個外省人。小六那年我就當上了班長，老師說我是永福第一位當班長的外省人。當班長是很光榮的事，因爲在左胸前的名牌上方還縫一個三條曲線的紅色標誌。媽媽也覺得很有面子，總是鼓勵我要更努力。

當時是小學「惡性補習」最盛行的時期，音樂、美術、勞作、體育各種課程只上到四年級，五年級以後這些課程都被國語和算術取代了。學校是如何瞞過上級單位的，我不知道。或許「教育科」也知道這一切，只不過是睜一眼閉一眼罷了。家長也不會去檢舉，因爲他們更巴不得教更多的國語算術。

學校每天正式課程結束後，四年級以下都回家了，教室靠校園這邊的窗戶都拉上窗簾，我們就開始拿出書店買的整本考卷，一張一張作，考卷紙是那種用力寫就會破掉的那種。然後就是檢討考卷及「打手心」或跪在黑板前的一排椅子上「打屁股」。標準是九十分，少一分打一下。有時候還可以選擇「打手心」或「打屁股」，大家都選擇打屁股，因爲褲子裡可以墊手帕，但是有時候老師只打手心，不打屁股。

這段時間的補習是不另收費的。

六點半一到，就由一位老師拿出手搖的大鈴鐺，在走廊上「噹啷、噹啷」通知各班下課。因爲學校把上下課的電鈴關了，「非法時段」當然不能有電鈴聲。

更精彩的是放學後，全班只有我回家，因爲沒錢繳補習費。其他人全部都到老師家裡去，一人一張小桌子，繼續「做考題」，繼續「打屁股」到十點才回家。這是要額外收費的時段，也是老師最賣力的時段。老師就住在學校附近，同時家裡要夠大，要擠得下五十個學生，眞不容易。

當年老師們爭著要教五六年級，因爲有可觀的補習費可賺，還有家長三不五時的送些禮物。學校的教務主任有權力排哪些老師去教五六年級，所以在老師與教務主任之間也產生了「共生鍊」。

後來，我的岳父就是國小的教務主任，聽他說起當年的「盛況」，每到過年過節家裡絡繹不絕的老師們，有想教五六年級而不可得的老師，有想繼續教五六年級的老師，家裡的香腸要用竹竿來掛，水果成堆的擺在廚房。至於有沒有其他「暗盤」，岳父不說，我也不敢問。

我們那個眷村聚集了不少寡婦帶著孩子，我們家前後左右幾乎都是孤兒寡母。在我念小學的期間，有人來家裡說東說西，主要目的是給我媽媽介紹男朋友，因爲當時有許多單身軍人，「外省人」與「本省人」的隔閡還很深，外省軍人多半被視爲老粗，普遍被嫌棄，當然不易娶到老婆，「嫁給外省人」被認爲是低下的事。有人就打起這些「寡婦」的主意，逞其三寸不爛之舌來說服這些辛苦持家的婦人。說的話不外乎：「妳要苦到甚麼時候？這樣子寂寞值得嗎？孩子就交給華興育幼院，妳下半生就有個男人可依靠。」當然還有一些不堪入耳的露骨的言語。此後，媽媽就不讓那些人進家門了。

隔壁的謝媽媽就是這樣有了男朋友，只是雙方一直沒有結婚，大家都私底下說那個男的是她的「姘頭」。他每週會來住幾天。她家有兩個兒子，一個叫鐵華，是我同學。起初那個「姘頭」還會帶一些水果之類的東西來，慢慢的就會聽到他在吃飯的時候罵鐵華：「吃這麼多幹甚麼？你知不知道你們一家子要吃掉我多少錢？我一個月才賺五百五。你要吃垮我嗎？」

每次聽到這種叫罵聲，媽媽就會嘆著氣說：「作孽呦！」

有一天晚上，記不得幾點了，突然聽見那個「姘頭」大聲喝斥鐵華：「你半夜又起來偷吃，你看我不打死你！」緊接著就是鐵華的哭喊，以及摔鍋子的聲音：「我看你吃個屁！」只聽鐵華哭著說：「我不敢了！我不敢了！」

媽媽衝出去隔著竹籬笆喊著他媽媽：「你叫鐵華來我這裡，我跟他說話。」結果鐵華來了，媽媽啥也沒說，把飯菜熱一熱，就叫鐵華吃了。媽對他說：「以後晚上餓了就來我家吃，不要偷吃了。你剛才偷吃了甚麼？」鐵華說：「白飯！」

第二天，我看到媽媽跟幾個媽媽們說悄悄話，我只聽到媽說：「妳這是何苦來著？妳就是熬不住嗎？」長大之後我才明白媽媽說的「熬」是怎麼回事，那時候她們這些寡婦都還算年輕，有太多身體、心靈與經濟上的需求，豈止是一個「熬」字能道盡這些磨難？

鐵華初中畢業後就進了陸軍幼年學校，後來他弟弟也進去了。兄弟倆還是很孝順，發薪水的那個禮拜一定會回家，僅有的薪水都給了媽媽，每次回來也一定會來我家坐坐，見了媽媽就立正、敬禮，充分顯現小軍人的禮節。但是他們進了軍校以後就沒有在家過夜，都是當晚就早早回營房了。其實鐵華很會念書，在學校的成績不輸給我，每次提到他，媽媽常說：「可惜了！可惜了！」

另一邊的鄰居李媽媽是個美人胚子，雖然她的孩子都比我大，她卻依舊十分美麗，每天薄施脂粉，風韻不減。李媽媽到台灣後，李爸爸還在大陸，後來被中共俘虜了。

李媽媽一直有個男朋友，對方姓吳，是醫師，有一對漂亮的雙胞胎女兒，也常來李媽媽家玩，兩家人都相處得很好，經常一同出遊。

有一天媽媽跟我說：李爸爸被中共給釋放了，現在人在香港，託人輾轉通知了李媽媽，但是台灣方面不發給入台證，因爲是高階軍官，政府有所顧慮。如果半年內李爸爸還進不了台灣，就必須重回大陸。李媽媽也去不了香港，也是因爲政府不准。

媽媽嘆口氣說：「不知道有多少家庭這樣分隔兩地，眞是人間慘劇。政府至少該讓人家夫妻見個面，這樣一回大陸恐怕今生再也見不著了。」

在那個時代，撤退來台灣的部隊都要分批下船，還要繳械，然後又把所有人都運送到不同的部隊，以免勢力集結，尾大不掉。李伯伯李媽媽這種遭遇恐怕也只是大海裡的小小泡沫而已。

對面的王哥哥身形結實，孔武有力，雖然高中念一流的台南一中，卻喜歡幫派生活，聽說他還是幫中「護法」，地位不凡。其實對我們這些血氣方剛的孩子來說，「幫派」猶如水滸傳中的江湖好漢，講義氣，重弟兄，兩肋插刀，生死與共。有些神秘，也有些氣概，常常心嚮往之，要不是我膽小如鼠，恐怕也會以「混幫派」為榮。

當年沒有電視，看書是大家的共同嗜好，我們這個年紀都看過「水滸傳」，彼此常談起其中的人物，甚麼「豹子頭」林沖，「及時雨」宋江，「花和尚」魯智深，「黑旋風」李逵皆是心目中的英雄。

進了幫派，王哥哥雖然是台南一中畢業，大專聯考也免不了名落孫山。王媽媽當然很失望，就給他錢去補習。「知子莫若母」，有一天王媽媽大概是心有感應，到補習班去看他上課，結果找遍各補習班，皆查無此人。這下子王媽媽大發雷霆，晚上就把王哥哥痛扁一頓。

接著又發生王哥哥五六天都不回家，王媽媽說這回逮到他要捆起來打。

有個晚上，王媽媽很神祕的叫媽媽去她家，結果我媽媽和王媽媽、張媽媽三個人就出門了。不知隔了多久，三個老媽媽竟然把王哥哥押了回來。

我問媽媽怎麼找到王哥哥，媽說：「在當賭場當保鑣！」我說那妳們也不找警察陪著去？媽很豪氣的說：「活埋人我都看過了，這場面算甚麼！」接著媽就說了軍隊當年抓到逃兵，就把他活埋掉，竟然是集合全部隊的人一起觀看，這樣就沒人敢逃了。

第二天，王媽媽眞的把王哥哥綁在樹上，她一邊打一邊哭。媽媽趁個空檔把棍子奪下來，把王哥哥救回屋裡。我們都說王哥哥「帶種」，乖乖挨打，完全一聲也不吭。

他們家隔壁是個空屋，王媽媽就把王哥哥關在裡面，前後籬笆門用鐵鍊鎖上。每天送飯進去，早晚幫兒子把馬桶拿到公廁去倒掉。王媽媽並沒有愁眉苦臉，談笑一如往常。還用濃重的湖南腔堅定地對我媽說：「把他關到大專聯考，他一定能考上大學，他聰明的很。」

隔年王哥哥果然考上師範大學，當年是很難考的，因爲畢了業就是鐵飯碗。王哥哥一直是我心目中的英雄，後來他還拿到了常春藤盟校的博士學位。

初中考高中那年，媽媽住院開刀，因爲是軍醫院，房間十分狹小，塞了三個病床，左右各一床，對門又一床，當時已有一病人在內，奄奄一息。醫生准許我晚上睡另外那張空床陪伴媽媽，半夜媽媽叫我說看看另外那張床上的人是不是死了，我過去一看，果然已經走了。我通知了護士，來了兩人，那時軍醫院護士都是男生，就把那人用床單捲走了。第二天，當時已念大學的王哥哥來看媽媽，正值中午，他說要睡個午覺，就在那張床上睡了，媽告訴他說那張床早上才死一個人，他還是呼呼大睡，不受影響。

媽媽得的是子宮頸癌，在國軍第四總院開刀。結果手術做得不好，膀胱會漏尿，從此每天需要帶著尿布。媽媽每天都要洗好多尿布，那時根本沒有甚麼成人紙尿褲，媽媽所有的尿布都是舊衣服裁剪的，爲了避免沾到褲子，總是要保持高度警覺，隨時更換。出門時也總是看到廁所就進去換。

我到台北讀書不久，二姊也嫁到台北來。媽媽跟姊姊感情好，姊姊也捨不得離開媽媽，於是就把媽媽和弟弟接到台北一起住。姊夫在永和靠河堤的邊上買了一間小小的公寓，一家人雖然擁擠，對我們來說仍然是非常溫暖的窩。二姊與姊夫待我們很好，任勞任怨，辛勤持家，女兒在美國拿了碩士，兒子也在美國拿了博士，夫妻倆辛苦有成，我在結婚前都是依賴他們夫妻，此恩難報啊。

我大一就開始在書店打工，白天上學，晚上五點到九點上班，一周六天，每月九百元。由於工作穩定，對我的生活頗有幫助，就一直在商務印書館工作到研究所畢業。由於夜班只有兩個人，上班前必須先吃個小麵包墊一墊肚子，打烊後還要結帳，每晚回到家都要十點半了，媽媽總是幫我準備好熱騰騰的飯菜，那是一天最滿足的時刻。

那時路上少有路燈，我都沿著豫溪街低著頭趕路回家，有一天不經意地抬頭，看到媽媽站在陽台上注視著路的拐角，當我轉過路燈的那一刻，她就進屋裡幫我把飯菜擺好。

我吃的時候，她就坐在對面問我一天的生活情形，我也總是盡量找些話題同她閒聊，雖然我已經長大了，卻永遠是她心頭的掛念。

我每次到了那個轉角的路燈下就抬頭看看遠方的陽台，媽媽就站在那裡望著燈下路過的人，企盼看到我的身影。

我帶媽媽去日本，白天不管玩得多累，一進飯店她就要我帶她去找玩具店，她心裡永遠掛記著她的孫子孫女。白天到處玩就嫌累，晚上進了玩具店就一點也不喊累，埋著頭找玩具，我只負責提東西。有時候我故意說：「你不是最恨日本人？」她理也不理我，繼續看玩具。

回飯店我負責打包行李，問她外包裝可不可以拿掉？她一律說不可以：「有包裝才有價值！」還額外教訓我：「你知不知道你小時候我對你有多好？你現在替我買些玩具送給他們也是應該的。」這話是甚麼的甚麼？我有說過買太多嗎？我敢吭一聲嗎？我從來沒敢抱怨。

這就是「先發制人」。

有一回也是去日本，我跟我太太陪她，她規定我晚上陪她睡，因爲她會害怕，才怪，她不是連活埋人都看過？怕？才怪。

結果第二天她就跟同團的人說：「晚上我兒子跟我睡！免得我害怕。」

也是那次旅行，去一個神社，導遊說好各自去參觀，大家在門口的大樹下會合。等到人回來得差不多了，我媽突然跟我太太說腳指甲很痛，就掏出指甲剪要我太太給她剪一剪。於是一個坐在石頭上翹著腳，另一個蹲著剪。

事後我老婆偷偷笑著說：「你媽就是把戲多，好在我知道她想些甚麼。就是要在別人面前顯現婆婆的威嚴啊！讓她滿足就是了。也好，我也有機會顯示一下孝順。」

可是我卻嚇壞了，要是太座當場翻臉……

有一年我工作忙，由我老婆陪她去韓國，一路上由漢城拉車玩到釜山，再坐船到日本四國，我在大阪跟他們會合。那幾天我一直擔心我媽會不會又展現做婆婆的威嚴，想些法子整我老婆。結果出乎意外，我媽沿途不斷跟別的團員說她的媳婦有多孝順、多乖巧。眞是難以理解的老媽。

服役退伍後，我回到台南工作，仍住在眷村的家裡，定期來台北看望老娘。姐姐的一兒一女也大了，住的老式公寓沒有電梯，上下樓梯十分吃力。不久後弟弟買了房子，有電梯，老娘就搬去跟弟弟住，頤養天年。每日酒足飯飽，笑口常開。但是年輕時操勞過度的後遺症逐漸顯現。雖然沒有任何病痛，逐漸老化的身軀卻是日益明顯。本來就瘦弱的身形日復一日的乾枯，顯然身上的器官已經不堪負荷，聲音日復一日的微弱，體力日復一日的衰退。

但是她頭腦清醒、精神不錯、記憶力一如往常，三天一瓶金門白金龍高粱是她的最愛。如此豪量，我只能望酒興嘆，每次陪她吃飯，我都淺嚐即止，她常感嘆我的酒量比她差太多，不像是她的兒子。但是兩個姊姊都是酒中豪傑，有她們陪伴老娘喝個幾杯就夠了，如今兩個姊姊都八十多了，仍然耳聰目明，喝起酒來豪氣干雲。

有一天媽媽對我們兄弟說：「你們兩個誰有空陪我回河南永城老家一趟，我想去看看。」我很訝異，她從來沒去過永城，那是我爸爸的老家，不是她的老家，她的老家在信陽。我近乎直覺的反應：「你應該先回信陽才對，怎麼先回永城？要不然一趟路走兩個地方也不錯。」她說：「當年信陽就只剩我和你們奶奶相依爲命，沒有任何親人了，幸好有你爸爸收留我們。我想回永城看看你爸爸提到的那些親戚還在不在。」又說：「我想替你爸爸回去看看，他回不去，我替他回去，也算葉落歸根吧！反正你們兩個，有一個人得陪我走一趟。」

我才發覺隔了這麼多年，媽媽還是想念著爸爸，還掛記著完成這不屬於她的願望，見一見不屬於她的親人，或許，她更想見一見我們的大娘，或許，喊一聲「姐姐」。

弟弟陪她走了一趟，只見著幾位沒聽過的遠房親戚，爸爸口中的故舊不是四散他處就是已經不在人間，不管怎麼說，媽總是完成了爸爸回鄉的願望。

弟弟在永城問過媽媽要不要順道回信陽看看，媽媽很堅決地說不用了，似乎爸爸的願望是她唯一的懸念。

回台灣後，爸爸那已經斑駁發黃的遺像又出現在媽媽房間的梳妝台上，幾天過後，那張照片就不知所終了。

媽媽這一生似乎完全沒有「自己」，不是忙她的孩子們，就是忙她的孩子們加上孫子們，不是忙廚房、忙洗衣服就是忙著洗地板。唯一的例外恐怕就是喝酒的時刻，那是專屬於她「自己」的一刻，從眼神中可以看得出來她的「享受」。

她都是「蹲坐」在椅子上，也就是屁股和腳板同時放在椅子上，膝蓋檔在胸前。喝酒時可以配個小菜，也可以「純」喝，可以我們一人陪喝，也可以我們眾人陪喝，更多時候是她「獨」喝，但是無論何種狀況，她都默然無語。

那時刻完全屬於她自己，每一杯都是倒得滿滿的，然後凝視著屋裡的某個角落，一口一口慢慢啜飲。在喝下一杯之前她不會把視線移開那個角落，我常隨著她的視線看看那角落有何稀奇古怪之處，卻永遠沒有答案。

隨著工作的移轉，我也搬來台北。我發覺她衰敗的身體與旺盛的精神總是那麼不對稱，直到有一天弟弟對我說他開始幫媽媽洗澡了，我突然警覺必須要面對的問題恐怕就在不遠的將來。

剛開始弟弟幫媽媽洗澡的時候，媽媽還會跟他開玩笑說：「我的『咪咪』是你吸的最多。」母子倆邊洗澡邊說笑。

有一天，弟弟說：「我開始幫媽媽換尿布了！但是尿已經很少了！」

我就每隔一兩天下班後去陪她一次。

漸漸地連稀飯她也不吃了。只好買給她一些能喝的營養品。

我決定打長途電話通知在瑞士讀書的大女兒儘快趕回來。

我感覺到她的氣息日漸微弱，晚上，就在她床旁邊的桌子上點三炷香，誦「地藏菩薩本願經」三遍，雖然開著窗戶，那三炷香冒出來的煙卻總是直直的上升，少有晃動。對面大樓住戶的燈光逐漸一家家熄滅，夜深了，我一個字一個字的慢慢誦讀，直到天快亮了，我才跟她說我要回家睡覺，她側睡著回答我：「回去吧！」

第三個清晨，誦完經，我還沒開口，她就先說：「我要走了！」我坐在床邊貼著她的耳朵輕聲說：「你等一等，琪琪下午就回來了。」她很清楚的告訴我：「我不等了！」

我回到家洗個澡，正想要吃完早餐補睡一會兒，弟弟來電話：「你過來吧，媽走了！」

她一如往常的右側睡，左手掌墊著臉，右手扶者左肩，雙眼緊閉，臉色紅潤而安詳，只是少了呼吸。

我心中的巨人此時此刻卻顯得如此瘦小，身子更顯單薄，全白的頭髮依舊整整齊齊的攏在腦後，我輕聲地喊她，多麼希望她只是睡了，在睡夢中能回我一聲：「我要睡了！」

我媽是個美人胚子，身材是許多女人企盼的苗條，怎麼吃也不會胖。臉上是永遠閑淡的平靜，略黑但是紅潤，不管我們怎麼逗她，永遠是一抹的淺笑。但是眼神是無比的堅毅，形容女人常用的「婀娜多姿」、「眼波蕩漾」、「千嬌百媚」，在她身上是找不到的。

我常說她漂亮又迷人，她總是淡淡地回我：「兒不嫌母醜，狗不嫌家貧。」

她已走完了她命中註定的道路，辛苦而執著的一生，在一個全然陌生的異域，獨力撐起一個家，撫育永遠掛在她心上的孩子們。

媽媽休息了，全然放下，了無牽掛。

二十年過去了，我也老了，對媽媽的思念無一日稍減。她瘦弱卻堅強、清貧卻仁慈、不識字卻高智慧、生活單純又洞明世事，身爲她的兒子是我此生的榮耀。

國家圖書館出版品預行編目資料

南陽街30年／劉廣衡著.　--初版.--臺中市：白象文化事業有限公司，2023.11
面；　公分
ISBN 978-626-364-129-7（精裝）
1.CST: 補習教育 2.CST: 補習班 3.CST: 通俗作品
528.46　　112015115

南陽街30年

作　　者　劉廣衡
校　　對　劉廣衡
發 行 人　張輝潭
出版發行　白象文化事業有限公司
412台中市大里區科技路1號8樓之2（台中軟體園區）
出版專線：（04）2496-5995　傳真：（04）2496-9901
401台中市東區和平街228巷44號（經銷部）
購書專線：（04）2220-8589　傳真：（04）2220-8505
專案主編　陳媁婷
出版編印　林榮威、陳逸儒、黃麗穎、水邊、陳媁婷、李婕、林金郎
設計創意　張禮南、何佳諠
經紀企劃　張輝潭、徐錦淳、林尉儒、張馨方
經銷推廣　李莉吟、莊博亞、劉育姍、林政泓
行銷宣傳　黃姿虹、沈若瑜
營運管理　曾千熏、羅禎琳
印　　刷　基盛印刷工場
初版一刷　2023年11月
定　　價　250元